簿記能力検定試験　第 206 回〜第 213 回　過去問題集

1級　原価計算・工業簿記

<目　次>

はじめに

　この問題集は，本協会主催の検定試験の過去問題を収録し，作問の先生方による解説をつけて1冊としたものです。

　本書に掲載された過去問題に取り組み，さらに出題範囲に目を通すことで，毎回出題される問題の傾向や形式をつかむことができ，受験される方にも役だてていただけることと思います。

　試験問題対策には，過去の試験で実際に出題された問題を解く「過去問学習」が有効です。収録回数を2年分（8回分）に抑え，その分，丁寧な解説を加えているので反復練習がしやすく，検定試験に合格できるだけの実力を確実に養成できます。
　試験直前の総仕上げや力試しとして，ぜひとも過去問題に取り組んでください。
　本書を有効に活用し，検定試験に合格されることを期待しています。また下位級からステップアップして上位級にチャレンジされることをおすすめします。
　ぜひ，学習教材の1つとしてご活用いただき，1人でも多くの方が見事合格されることを祈ります。

　最後に，本書のためにご多用のところ問題の解答・解説にご尽力いただきました作問の先生方のご支援に厚くお礼申し上げます。

令和6年4月
監修者　公益社団法人　全国経理教育協会

公益社団法人　全国経理教育協会　主催
文部科学省・日本簿記学会　後援

簿記能力検定試験について

・試 験 日・試験時間・受 験 料・申込期間・試験会場・合格発表・申込方法・受験要項・出題範囲等

　全国経理教育協会ホームページをご覧ください。

全国経理教育協会
ホームページ

受験要項
出題範囲

［受験者への注意］

１．申し込み後の変更，取り消し，返金はできませんのでご注意ください。

２．受験者は，試験開始時間の10分前までに入り，受験票を指定の番号席に置き着席してください。

３．解答用紙の記入にあたっては，黒鉛筆または黒シャープペンを使用してください。

　　簿記上，本来赤で記入する箇所も黒で記入してください。

４．計算用具（計算機能のみの電卓またはそろばん）を持参してください。

５．試験は，本協会の規定する方法によって行います。

６．試験会場では試験担当者の指示に従ってください。

この試験についての詳細は，本協会又はお近くの本協会加盟校にお尋ねください。

郵便番号　　170－0004
東京都豊島区北大塚１丁目13番12号
公益社団法人　全国経理教育協会
helpdesk@zenkei.or.jp

受験番号

解答は，すべて解答用紙に記入して必ず提出してください。

第206回簿記能力検定試験
問題用紙

1級　原価計算・工業簿記

（令和4年5月29日施行）

問題用紙（計算用紙含）は回収します。持ち帰り厳禁です。

注　意

- 試験開始の合図があるまで，問題用紙は開かないでください。
- この試験の制限時間は1時間30分です。
- 解答は，問題の指示にしたがい，すべて解答用紙の指定の位置に記入してください。
- 解答用紙の会場コードは，試験担当者が指示した6桁の数字を頭の0（ゼロ）を含めてすべて書いてください。
  受験番号は右寄せで書いてください。左の空白欄への0（ゼロ）記入は不要です。
  受験番号1番の場合，右寄せで1とだけ書いてください。
  受験番号90001番の場合，右寄せで90001とだけ書いてください。
  受験番号を記入していない場合や，氏名を記入した場合には，採点の対象とならない場合があります。
- 印刷の汚れや乱丁，筆記用具の不具合などで必要のある場合は，手をあげて試験担当者に合図をしてください。
- 下敷きは，机の不良などで特に許されたもの以外は使用してはいけません。
- 計算用具(そろばん・計算機能のみの電卓など)を使用してもかまいません。
- 解答用紙は，持ち帰りできませんので白紙の場合でも必ず提出してください。
  解答用紙を持ち帰った場合は失格となり，以後の受験をお断りする場合があります。
- **簿記上本来赤で記入する箇所も黒で記入すること。**
- **解答は，必ず解答用紙に記入してください。**
- **金額には3位ごとのカンマ「，」を記入すること。**
  ただし，位取りのりい線のある解答用紙にはカンマを記入しないこと。
  また，カンマ「，」（数字の下側に左向き）と小数点「．」は明確に区別できるようにすること。

主　催　公益社団法人　全国経理教育協会
後　援　文　部　科　学　省
　　　　日　本　簿　記　学　会

第206回簿記能力検定試験問題
1級　原価計算・工業簿記

解答は解答用紙に

第1問　次の工業簿記・原価計算に関する文章（「原価計算基準」に準拠している）の（ア）〜（カ）にあてはまる最も適当な語句を，それぞれに設けた【選択肢】の中から選び，記入しなさい。（12点）

1．今日，原価計算に対して与えられる目的は，単一ではない。すなわち，企業の原価計算制度は，<u>（ア）</u>（【選択肢】：実際の原価，真実の原価）を確定して財務諸表の作成に役立つとともに，原価を分析し，これを<u>（イ）</u>（【選択肢】：経営管理者，利害関係者）に提供し，もって業務計画および原価管理に役立つことが必要とされている。

2．材料という原価要素を主要材料と補助材料に分けることは，<u>（ウ）</u>（【選択肢】：製品との関連による分類，機能別分類）にもとづく分け方にほかならない。

3．原価要素の分類上，退職給付費用（退職給付引当金繰入額）は<u>（エ）</u>（【選択肢】：直接労務費，間接労務費，非原価項目）であり，臨時多額の退職手当は<u>（オ）</u>（【選択肢】：直接労務費，間接労務費，非原価項目）である。

4．単純総合原価計算，等級別総合原価計算及び組別総合原価計算は，いずれも原価集計単位が<u>（カ）</u>（【選択肢】：期間生産量，製造指図書）であることを特質とする。

第2問　次の取引を仕訳しなさい。ただし，勘定科目は，次の中から最も正しいと思われるものを選ぶこと。（24点）

材　　料	賃 金 給 料	製 造 間 接 費	仕 　掛 　品
製　　品	A 組 製 品	B 組 製 品	売 　掛 　金
組 間 接 費	第1製造部門費	第2製造部門費	棚 卸 減 耗 費
外 注 加 工 賃	売 上 原 価	予 算 差 異	能 率 差 異
製造部門費配賦差異	売　　　　上	本　　　　社	工　　　　場

1．下記データから，外注加工賃の当月消費額を計算し，製造指図書＃308に賦課した。
　　前月末未払額：¥62,000　　当月支払額：¥954,000　　当月末前払額：¥71,000

2．第1製造部門費勘定の貸方には予定配賦額¥2,710,000が計上されており，また，同勘定の借方には実際発生額¥2,686,600が集計されている。よって，第1製造部門の製造部門費配賦差異を計上した。

3．直接工の当月賃金消費額を，次の時間データと予定賃率¥820／時間により計上した。
　　直接作業時間　3,570時間　　間接作業時間　406時間　　手待時間　89時間

4．次のデータにもとづいて，主要材料Fの棚卸減耗費を計算し，適切な処理を行った。なお，棚卸減耗費勘定は使用していない。
　　月初在庫量：　150kg（＠¥12,000）　　月 間 購 入 量：3,600kg（＠¥12,000）
　　月間払出量：3,580kg　　　　　　　　　月末実地棚卸量：　163kg

5．標準原価計算制度を採用している川崎製作所では，仕掛品勘定の借方に製造間接費の実際発生額を記帳している。当月の下記データに基づいて能率差異を計上した。なお，能率差異は変動費と固定費両方から生じるものとする。
　　標準配賦率：¥1,500／時間　　実際直接作業時間：985時間　　標準直接作業時間：960時間

6．組別総合原価計算を採用している福島製作所の工場は，A組製品（製造原価¥1,560,000）とB組製品（製造原価¥980,000）を¥4,050,000で掛け販売し，工場から得意先に発送した。工場会計が本社会計より独立している場合の工場側の仕訳を示しなさい。なお，工場は製品の製造・保管・発送を担当しており，製品に関する勘定は工場側に，売上と売上原価に関する勘定は本社側にそれぞれ設けてある。

第3問　次の資料にもとづいて，直接原価計算方式による損益計算書を作成しなさい。また，下記資料と同じ条件のもと，損益分岐点における販売数量と，作成した損益計算書における安全余裕率（安全率）をそれぞれ計算しなさい。(20点)

1．製品1個あたりの売価は¥5,000である。

2．当月の販売数量は8,000個であり，月初と月末の仕掛品棚卸高及び月初製品棚卸高はなかった。

3．当月の製造原価(生産量10,000個)データは，次のとおりである。

原価要素	変動費部分	固定費部分
直 接 材 料 費	¥7,500,000	——
直 接 労 務 費	¥4,500,000	——
製 造 間 接 費	¥3,000,000	¥5,670,000

4．当月の変動販売費は製品1個あたり¥600であり，固定販売費は¥3,290,000である。

5．当月の一般管理費は¥6,816,000であり，すべて固定費である。

第4問　立川ホビー製作所株式会社は，原料の生成からスタートし，アニメキャラクターのミニチュア玩具を大量生産しており，工程別総合原価計算を採用している。以下の資料と取引にもとづいて，解答用紙の各勘定を完成するとともに，工程別原価計算表を作成しなさい。また，当月の売上総利益を計算しなさい。(44点)

資　　　料

a．原料は第1工程の始点ですべて投入されており，加工費は製造の進行に応じて消費される。

b．第1工程では，原料の生成からアニメキャラクターのミニチュア玩具の成型加工までを行っている。第1工程完了品のうち，一部は外部へ販売する目的で倉庫に保管し，残りはただちに第2工程に投入され，着色・組立加工されて完成品となる。

c．第2工程の終点において包装作業を行っており，そこで包装用材料費が発生するが，この材料費はすべて直接材料費であり，すべて完成品原価として計算する。

d．原料及び包装用材料は，材料勘定で処理する。賃金は賃金勘定で，経費は経費勘定で処理する。

e．半製品及び製品払出高の計算は，先入先出法による。

f．月初製品　　　500個　　@¥930

g．月初半製品　　200個　　@¥720

h．月初仕掛品　　第1工程　　　400個（仕上り程度　60％）

　　　　　　　　　　直接材料費　　　　¥168,000

　　　　　　　　　　加工費　　　　　　¥ 44,460

　　　　　　　　第2工程　　　600個（仕上り程度　50％）

　　　　　　　　　　前工程費　　　　　¥415,800

　　　　　　　　　　加工費　　　　　　¥ 68,100

i．月末製品　　　600個

j．月末半製品　　250個

k．月末仕掛品　　第1工程　　　200個（仕上り程度　50％）

　　　　　　　　第2工程　　　400個（仕上り程度　50％）

l．月末仕掛品の評価は，第1工程では平均法，第2工程では先入先出法による。

取　　　引

1．第1工程で原料3,098kgを消費した。材料払出高の計算は，先入先出法によっている。

　　　月初棚卸高　700kg　@￥1,170　　　当月仕入高　3,500kg　@￥1,500

2．当月の賃金を加工費として，次のとおり消費した。

　　　月初未払額　￥623,000　　　当月支払額　￥2,831,000　　　月末未払額　￥597,000

　　このうち，第1工程の消費額は￥1,683,000であり，第2工程の消費額は各自計算すること。

3．当月の経費を加工費として，次のとおり消費した。

　　　月初前払額　￥489,580　　　当月支払額　￥1,395,000　　　月末前払額　￥426,200

　　　減価償却費の当月計上額　￥177,000

　　このうち，第2工程の消費額は￥971,000であり，第1工程の消費額は各自計算すること。

4．第1工程完了品のうち800個を倉庫に保管し，残りの9,000個はただちに第2工程へ引き渡した。

5．第2工程で製品9,200個が完成した。その際，第2工程の終点において包装用材料費として￥189,100が消費された。なお，この材料費はすべて完成品原価とする。

6．製品9,100個を@￥1,750で販売し，代金は掛けとした。同時に，製品の売上原価も計上する。

7．半製品750個を@￥1,270で販売し，代金は得意先振り出しの小切手で受け取った。同時に，半製品の売上原価も計上する。

8．費用・収益勘定の各残高を月次損益勘定へ振り替える。

※氏名は記入しないこと。

| 会場コード |
| 受験番号 |

第206回簿記能力検定試験

1級 原価計算・工業簿記 解答用紙

【禁無断転載】

| 得 点 |
| 点 |

制限時間
【1時間30分】

第1問採点

第1問 （12点）

（ア）	（イ）	（ウ）
（エ）	（オ）	（カ）

第2問採点

第2問 （24点）

	借 方 科 目	金 額	貸 方 科 目	金 額
1				
2				
3				
4				
5				
6				

第3問採点

第3問（20点）

損益計算書（直接原価計算）　　（単位：円）

I 売　　上　　高	（　　　　　）	
II 変　動　売　上　原　価	（　　　　　）	
製　造　マ　ー　ジ　ン	（　　　　　）	
III 変　動　販　売　費	（　　　　　）	
貢　献　利　益	（　　　　　）	
IV 固　　定　　費	（　　　　　）	
営　業　利　益	（　　　　　）	

損益分岐点における販売数量	個
当月損益計算書に対する安全余裕率（安全率）	％

第4問採点

第4問（44点）

第 1 工程仕掛品

前 月 繰 越	（　　　　）	（　　　　　　　）	（　　　　　）
材　　　　料	（　　　　）	半　製　品	（　　　　）
賃　　　　金	（　　　　）	次 月 繰 越	（　　　　）
（　　　　）	（　　　　）		
	（　　　　）		（　　　　）
前 月 繰 越	（　　　　）		

第 2 工程仕掛品

前 月 繰 越	（　　　　）	製　　　　品	（　　　　）
（　　　　）	（　　　　）	次 月 繰 越	（　　　　）
経　　　　費	（　　　　）		
第1工程仕掛品	（　　　　）		
材　　　　料	（　　　　）		
	（　　　　）		（　　　　）
前 月 繰 越	（　　　　）		

製　　　品

前 月 繰 越	（　　　　）	（　　　　）	（　　　　）
（　　　　）	（　　　　）	次 月 繰 越	（　　　　）
	（　　　　）		（　　　　）
前 月 繰 越	（　　　　）		

半　　製　　品

前 月 繰 越	（　　　　）	（　　　　）	（　　　　）
（　　　　）	（　　　　）	次 月 繰 越	（　　　　）
	（　　　　）		（　　　　）
前 月 繰 越	（　　　　）		

売　上　原　価

製　　　品	（　　　　）	（　　　　）	（　　　　）

半 製 品 売 上 原 価

半　製　品	（　　　　）	（　　　　）	（　　　　）

売　　　　　上

月 次 損 益	（　　　　）	売 掛 金	（　　　　）

半 製 品 売 上

月 次 損 益	（　　　　）	（　　　　）	（　　　　）

工程別原価計算表　　　　　　　　　　（単位：円）

摘　　　要	第 1 工 程	第 2 工 程	合　　計
当 月 製 造 費 用			
直 接 材 料 費	(　　　　　　　　)	(　　　　　　　　　)	(　　　　　　　　　)
加　　工　　費	(　　　　　　　　)	(　　　　　　　　　)	(　　　　　　　　　)
前 工 程 費	(　　　　　　　　)	(　　　　　　　　　)	(　　　　　　　　　)
計	(　　　　　　　　)	(　　　　　　　　　)	(　　　　　　　　　)
月 初 仕 掛 品 原 価			
直 接 材 料 費	(　　　　　　　　)	(　　　　　　　　　)	(　　　　　　　　　)
加　　工　　費	(　　　　　　　　)	(　　　　　　　　　)	(　　　　　　　　　)
前 工 程 費	(　　　　　　　　)	(　　　　　　　　　)	(　　　　　　　　　)
計	(　　　　　　　　)	(　　　　　　　　　)	(　　　　　　　　　)
月 末 仕 掛 品 原 価			
直 接 材 料 費	(　　　　　　　　)	(　　　　　　　　　)	(　　　　　　　　　)
加　　工　　費	(　　　　　　　　)	(　　　　　　　　　)	(　　　　　　　　　)
前 工 程 費	(　　　　　　　　)	(　　　　　　　　　)	(　　　　　　　　　)
工 程 完 成 品 原 価	(　　　　　　　　)	(　　　　　　　　　)	(　　　　　　　　　)
工 程 完 成 品 数 量	(　　　　　　　　)個	(　　　　　　　　　)個	－
工 程 完 成 品 単 価	(@　　　　　　　)	(@　　　　　　　　)	－
次 工 程 振 替 額	(　　　　　　　　)	－	－

当月の売上総利益	円

受験番号

解答は，すべて解答用紙に記入して必ず提出してください。

第207回簿記能力検定試験
問題用紙

1級　原価計算・工業簿記

(令和4年7月10日施行)

問題用紙（計算用紙含）は回収します。持ち帰り厳禁です。

注　意

- ・試験開始の合図があるまで，問題用紙は開かないでください。
- ・この試験の制限時間は1時間30分です。
- ・解答は，問題の指示にしたがい，すべて解答用紙の指定の位置に記入してください。
- ・解答用紙の会場コードは，試験担当者が指示した6桁の数字を頭の0（ゼロ）を含めてすべて書いてください。
  受験番号は右寄せで書いてください。左の空白欄への0（ゼロ）記入は不要です。
  受験番号1番の場合，右寄せで1とだけ書いてください。
  受験番号90001番の場合，右寄せで90001とだけ書いてください。
  受験番号を記入していない場合や，氏名を記入した場合には，採点の対象とならない場合があります。
- ・印刷の汚れや乱丁，筆記用具の不具合などで必要のある場合は，手をあげて試験担当者に合図をしてください。
- ・下敷きは，机の不良などで特に許されたもの以外は使用してはいけません。
- ・計算用具(そろばん・計算機能のみの電卓など)を使用してもかまいません。
- ・解答用紙は，持ち帰りできませんので白紙の場合でも必ず提出してください。
  解答用紙を持ち帰った場合は失格となり，以後の受験をお断りする場合があります。
- ・簿記上本来赤で記入する箇所も黒で記入すること。
- ・解答は，必ず解答用紙に記入してください。
- ・金額には3位ごとのカンマ「，」を記入すること。
  ただし，位取りのけい線のある解答用紙にはカンマを記入しないこと。
  また，カンマ「，」（数字の下側に左向き）と小数点「．」は明確に区別できるようにすること。

主　催　　公益社団法人　全国経理教育協会

後　援　　文　部　科　学　省
　　　　　日　本　簿　記　学　会

第207回簿記能力検定試験問題
1級　原価計算・工業簿記

解答は解答用紙に

第1問　次の工業簿記・原価計算に関する文章（「原価計算基準」に準拠）の（ア）から（カ）の下線部について，妥当であれば○印を，妥当でなければ×印を解答用紙の解答欄に記入しなさい。（12点）

1．原価計算基準の定める原価計算とは制度としての原価計算を意味するが，この原価計算制度は，<u>(ア)財務会計機構の枠組外において，随時断片的に行われる原価の統計的，技術的計算ないし調査も含む。</u>

2．実際原価とは，財貨の実際消費量をもって計算した原価を意味する。そのため，<u>(イ)異常な状態を原因とする異常な消費量であったとしても実際消費量として実際原価を計算する。</u>

3．製造設備であっても，長期にわたって休止しているものの減価償却費は，原価計算制度において<u>(ウ)原価に算入しない。</u>

4．製造部門とは，直接製造作業の行われる部門をいい，機械製作工場における鋳造，鍛造，機械加工，組立等の各部門が含まれる。また，副産物の加工，包装等を行ういわゆる副経営は<u>(エ)製造部門とする。</u>

5．連産品とは，同一工程において同一原料から生産される異種の製品であって，<u>(オ)相互に主副が明白なものをいう。</u>

6．標準原価は，原価管理のためにも，予算編成のためにも，また棚卸資産価額および売上原価算定のためにも，<u>(カ)現状に即した標準でなければならないから，改訂が行われることはない。</u>

第2問　次の取引を仕訳しなさい。ただし，勘定科目は，次の中から最も正しいと思われるものを選ぶこと。（24点）

当 座 預 金	A 補 助 部 門 費	売 上 原 価	工　　　　　場
外 注 加 工 賃	賃 金 給 料	作 業 く ず	製 造 間 接 費
素　　　　　材	現　　　　　金	副 産 物	B 補 助 部 門 費
第 1 製 造 部 門 費	本　　　　　社	仕 掛 品	第 2 製 造 部 門 費
製　　　　　品	売　　　　　上	預 り 金	売 掛 金

1．素材を以下のとおり消費した。
製造指図書#11　￥461,000　　製造指図書#12　￥328,000　　製造指図書番号なし　￥249,000

2．工場従業員の給与について，本日，当座預金口座から各人の普通預金口座へ振り込んで支給した。総支給額は￥2,345,000であり，社会保険料および所得税等の控除額は￥416,000であった。

3．A補助部門費￥2,320,000　B補助部門費￥1,125,000を下記の割合で各製造部門に振り替えた。
A補助部門費：第1製造部門　55%　　第2製造部門　45%
B補助部門費：第1製造部門　40%　　第2製造部門　60%

4．下記のデータに基づき，外注加工賃の当月消費額を計算し，製造指図書#14に計上した。
前月末未払額　￥23,000　　当月支払額　￥342,000　　当月末未払額　￥34,000

5．製造指図書#15の製造中に，作業くず15kgが発生し，その評価額は￥18,000であった。この作業くずの評価額は，製造指図書#15の製造原価より控除するものとする。

6．X工業の本社は，取引先の申し出により返品を受け入れることとなった。同製品は掛け販売価額￥368,000，製造原価￥243,000であり，返品後は工場の倉庫に保管された。同社の製品勘定は工場に設けられている。工場会計が本社会計より独立している場合の工場側の仕訳を示しなさい。

第3問　S工業株式会社は，完全受注で設備用機械を製造・販売している。当社は個別原価計算を採用し，製造間接費に関しては予定配賦を行っている。製造間接費に関する以下の資料から，解答用紙の当月の製造間接費勘定を完成させなさい。（16点）

1．補助材料　　　月初棚卸高：¥123,000　　　当月買入高：¥648,000　　　月末棚卸高：¥146,000
2．棚卸減耗費　　主要材料の帳簿棚卸高：¥628,000　　　実地棚卸高：¥604,000
3．間接工賃金　　月初未払高：¥380,000　　　当月支払高：¥2,230,000　　　月末未払高：¥440,000
4．減価償却費　　年間見積額：¥8,160,000
5．電　力　料　　当月支払額：¥820,000　　　当月測定額：¥790,000
6．火災保険料　　月初前払高：¥48,000　　　当月支払高：¥192,000　　　月末前払高：¥58,000
7．予定配賦額　　直接工賃金当月消費額¥3,250,000の140%を予定配賦する。

第4問　株式会社N製作所は，製品X，製品Yの2種類の製品を製造販売している。これらは等級製品であり，当社は等級別総合原価計算を採用している。下記の資料および取引を参照し，解答用紙の各勘定を完成させるとともに，総合原価計算表，等級別原価計算表および当月（令和4年5月）の月次損益計算書を作成しなさい。（48点）

資　　　料
　a．月初勘定残高（一部）
　　　材　　　料　　　¥463,400
　　　仕　掛　品　　　¥585,200（うち直接材料費：¥421,200，加工費：¥164,000）
　　　X　製　品　　　¥584,500（350個）
　　　Y　製　品　　　¥506,800（200個）
　b．未払賃金給料勘定に，月初未払高¥288,600がある（賃金給料勘定に再振替えを行う）。
　c．前払経費勘定に，月初前払高¥112,000がある（経費勘定に再振替えを行う）。
　d．材料はすべて製造着手のとき投入し，加工費は製造の進行につれて消費する。
　e．直接材料費消費高は直接仕掛品勘定に振り替えるが，その他の製造原価要素消費高は加工費勘定を経由して仕掛品勘定に振り替えている。
　f．まず単純総合原価計算により，仕掛品勘定でいったん全体の完成品総合原価を総合原価計算表を用いて計算し，次に等級別原価計算表を用いて完成品総合原価を等級別にあん分している。
　g．月末仕掛品の評価は平均法により，売上原価の計算は先入先出法による。

取　　　引
　1．材料¥4,236,000を掛けで購入し，引取運賃¥29,800は現金で支払った。
　2．材料の消費高の内訳は，次のとおりであった。なお，当月末帳簿棚卸高は¥332,000であり，棚卸減耗はなかった。

直接材料費	間接材料費	販　売　費
¥3,921,600	¥　各自推算	¥　　62,700

　3．当月分の賃金給料¥2,384,600から預り金¥216,400を差し引き，当座預金から各人の預金口座へ振り込んだ。

4．賃金給料の消費高の内訳は，次のとおりであった。なお，賃金の月末未払高¥274,700を未払賃金給料勘定へ振り替える。

直接労務費	間接労務費	販　売　費
¥1,739,200	¥552,300	¥各自推算

5．経費¥943,800を，小切手を振り出して支払った。

6．減価償却費の年間見積額は¥1,296,000であり，当月分を経費に計上した。

7．減価償却費を含めた経費の消費高の内訳は，次のとおりであった。なお，経費の月末前払高¥92,000を前払経費勘定へ振り替える。

間　接　経　費	販　売　費	一般管理費
¥813,400	¥41,000	¥各自推算

8．加工費の実際発生額を仕掛品勘定へ振り替える（加工費の実際配賦）。

9．上記以外に発生した販売費¥442,500と一般管理費¥649,500については，それぞれ小切手を振り出して支払った。

10．当月の製造状況は，次のとおりであった。総合原価計算表を用いて，全体の完成品総合原価と月末仕掛品原価を計算する。

月初仕掛品	400個	(50%)
当 月 投 入	3,800	
合　　　計	4,200個	
月末仕掛品	200	(50%)
完　成　品	4,000個	

　　なお，仕掛品の（　　）内は加工進捗度をあらわす。

11．完成品総合原価を等級製品別にあん分するにあたり，等価係数は各等級製品の重量を基準に設定する（X製品の等価係数を1とすること）。また，各等級製品の重量と数量は次のとおりである。等級製品別にあん分後，仕掛品勘定からX製品勘定とY製品勘定へ振り替える。

等級製品	1個あたりの重量	当月完成品数量	月初棚卸数量	月末棚卸数量
X製品	500 g	2,800個	350個	220個
Y製品	750 g	1,200個	200個	120個

12．当月のX製品の販売状況は，次のとおりであり，すべて掛け販売であった。なお，X製品の販売時に売上原価も計上する。

　　　販　売　量　　2,930個　　　売　価　　@¥2,800

13．当月のY製品の販売状況は，次のとおりであり，すべて掛け販売であった。なお，Y製品の販売時に売上原価も計上する。

　　　販　売　量　　1,280個　　　売　価　　@¥3,800

14．当月の販売費勘定残高および一般管理費勘定残高を月次損益勘定へ振り替える。

※氏名は記入しないこと。

会場コード

受験番号

第207回簿記能力検定試験
1級 原価計算・工業簿記 解答用紙

【禁無断転載】

得 点
点

制限時間
【1時間30分】

第1問採点

第1問（12点）

ア	イ	ウ	エ	オ	カ

第2問採点

第2問（24点）

	借 方 科 目	金 額	貸 方 科 目	金 額
1				
2				
3				
4				
5				
6				

第**3問採点**

第3問（16点）

製　造　間　接　費

材　　　料	（　　　　　）	仕　掛　品	（　　　　　）
材　　　料	（　　　　　）	（　　　　　）	（　　　　　）
賃　金　給　料	（　　　　　）		
減価償却累計額	（　　　　　）		
電　力　料	（　　　　　）		
保　険　料	（　　　　　）		
	（　　　　　）		（　　　　　）

第4問採点

第4問（48点）

材　　　料

前　月　繰　越	（　　　　　）	（　　　　　）	（　　　　　）
買　掛　金	（　　　　　）	加　工　費	（　　　　　）
（　　　　　）	（　　　　　）	販　売　費	（　　　　　）
		次　月　繰　越	（　　　　　）
	（　　　　　）		（　　　　　）
前　月　繰　越	（　　　　　）		

賃　金　給　料

当　座　預　金	（　　　　　）	未払賃金給料	（　　　　　）
預　り　金	（　　　　　）	加　工　費	（　　　　　）
未払賃金給料	（　　　　　）	（　　　　　）	（　　　　　）
		販　売　費	（　　　　　）
	（　　　　　）		（　　　　　）

経　　　費

前　払　経　費	（　　　　　）	加　工　費	（　　　　　）
当　座　預　金	（　　　　　）	（　　　　　）	（　　　　　）
（　　　　　）	（　　　　　）	一　般　管　理　費	（　　　　　）
		前　払　経　費	（　　　　　）
	（　　　　　）		（　　　　　）

加 工 費

材　　　料	(　　　　　)	仕 掛 品	(　　　　　)
賃 金 給 料	(　　　　　)		
賃 金 給 料	(　　　　　)		
経　　　費	(　　　　　)		
	(　　　　　)		(　　　　　)

仕 掛 品

前 月 繰 越	(　　　　　)	X 製 品	(　　　　　)
材　　　料	(　　　　　)	(　　　　　)	(　　　　　)
加 工 費	(　　　　　)	次 月 繰 越	(　　　　　)
	(　　　　　)		(　　　　　)
前 月 繰 越	(　　　　　)		

総合原価計算表

摘　　　要	直接材料費	加 工 費	合　　　計
月初仕掛品原価	(　　　　　)	(　　　　　)	(　　　　　)
当 月 製 造 費 用	(　　　　　)	(　　　　　)	(　　　　　)
合　　　計	(　　　　　)	(　　　　　)	(　　　　　)
月末仕掛品原価	(　　　　　)	(　　　　　)	(　　　　　)
完成品総合原価	(　　　　　)	(　　　　　)	(　　　　　)
完成品単位原価	(@　　　　)	(@　　　　)	(@　　　　)

等級別原価計算表

製　　品	重　　量	等価係数	完成品数量	積　　数	あん分原価	単位原価
X製品	g	1	個		¥	@¥
Y製品	g		個		¥	@¥
					¥	

X 製 品

前 月 繰 越	(　　　　　)	売 上 原 価	(　　　　　)
(　　　　　)	(　　　　　)	次 月 繰 越	(　　　　　)
	(　　　　　)		(　　　　　)
前 月 繰 越	(　　　　　)		

Y　製　品

前 月 繰 越	(	)	(	)	(	)
仕　掛　品	(	)	**次 月 繰 越**		(	)
	(	)			(	)
前 月 繰 越	(	)				

販　売　費

材　　　　料	(	)	月 次 損 益	(	)
賃 金 給 料	(	)			
経　　　　費	(	)			
(　　　　　)	(	)			
	(	)		(	)

一 般 管 理 費

経　　　　費	(	)	月 次 損 益	(	)
当 座 預 金	(	)			
	(	)		(	)

月 次 損 益 計 算 書

株式会社Ｎ製作所　　　　令和4年5月1日～5月31日　　　　　　（単位：円）

I　売　上　高		(	)
II　売　上　原　価			
1．月初製品棚卸高	(	)	
2．当月製品製造原価	(	)	
合　　計	(	)	
3．月末製品棚卸高	(	)	(	)
売 上 総 利 益		(	)
III　販売費及び一般管理費			
1．販　売　費	(	)	
2．一 般 管 理 費	(	)	(	)
営 業 利 益		(	)

受験番号

解答は，すべて解答用紙に記入して必ず提出してください。

第208回簿記能力検定試験
問題用紙

1級　原価計算・工業簿記

（令和4年11月27日施行）

問題用紙（計算用紙含）は回収します。持ち帰り厳禁です。

注　　意

- 試験開始の合図があるまで，問題用紙は開かないでください。
- この試験の制限時間は1時間30分です。
- 解答は，問題の指示にしたがい，すべて解答用紙の指定の位置に記入してください。
- 解答用紙の会場コードは，試験担当者が指示した6桁の数字を頭の0（ゼロ）を含めてすべて書いてください。
  受験番号は右寄せで書いてください。左の空白欄への0（ゼロ）記入は不要です。
  受験番号1番の場合，右寄せで1とだけ書いてください。
  受験番号90001番の場合，右寄せで90001とだけ書いてください。
  受験番号を記入していない場合や，氏名を記入した場合には，採点の対象とならない場合があります。
- 印刷の汚れや乱丁，筆記用具の不具合などで必要のある場合は，手をあげて試験担当者に合図をしてください。
- 下敷きは，机の不良などで特に許されたもの以外は使用してはいけません。
- 計算用具(そろばん・計算機能のみの電卓など)を使用してもかまいません。
- 解答用紙は，持ち帰りできませんので白紙の場合でも必ず提出してください。
  解答用紙を持ち帰った場合は失格となり，以後の受験をお断りする場合があります。
- **簿記上本来赤で記入する箇所も黒で記入すること。**
- **解答は，必ず解答用紙に記入してください。**
- **金額には3位ごとのカンマ「，」を記入すること。**
  ただし，位取りのけい線のある解答用紙にはカンマを記入しないこと。
  また，カンマ「，」（数字の下側に左向き）と小数点「．」は明確に区別できるようにすること。

主　催　　公益社団法人　全国経理教育協会

後　援　　文　部　科　学　省
　　　　　日　本　簿　記　学　会

第208回簿記能力検定試験問題
1級　原価計算・工業簿記

解答は解答用紙に

第1問　次の原価計算・工業簿記に関する文章（「原価計算基準」に準拠している）の（ア）～（カ）にあてはまる最も適当な語句を，それぞれに設けた【選択肢】の中から選び，記入しなさい。（12点）

1．実際原価計算においては，製造原価は原則として，その実際発生額をまず，（ア）（【選択肢】：製品別，費目別）に計算する。

2．単純総合原価計算は，（イ）（【選択肢】：同種製品，異種製品）を反復連続的に生産する生産形態に適用する。

3．個別原価計算において，作業くずはこれを総合原価計算の場合に準じて評価し，原則として，その発生部門の（ウ）（【選択肢】：直接材料費，部門費）から控除する。

4．実際原価計算制度における原価差異は，原則として当年度の（エ）（【選択肢】：売上原価，売上総利益）に賦課する。

5．原価は集計される原価の範囲によって，全部原価と部分原価とに区別される。このうち，部分原価の代表例である直接原価計算において，売上高から変動売上原価を差し引くと，（オ）（【選択肢】：変動製造マージン，貢献利益）が計算される。

6．直接原価計算を採用している場合，下記に示した月間データから月次損益分岐点売上高を計算すると，（カ）（【選択肢】：¥1,800,000，¥2,200,000）となる。ただし，製品や仕掛品の在庫は月初，月末とも無いものとする。

　　売　上　高：¥5,000,000　　変動製造原価：¥2,600,000　　固定製造原価：¥690,000
　　変動販売費：¥150,000　　固定販売費・一般管理費：¥300,000

第2問　次の取引を仕訳しなさい。ただし，勘定科目は，次の中から最も正しいと思われるものを選ぶこと。（24点）

現　　金	売　掛　金	未　収　金	仕　掛　品
A 組 仕 掛 品	B 組 仕 掛 品	第 1 工程仕掛品	第 2 工程仕掛品
製　　品	副　産　物	工 場 消 耗 品	作 業 く ず
賃 金 給 料	製 造 間 接 費	組 間 接 費	未払賃金給料
売　　上	売 上 原 価	本　　社	工　　場

1．棚卸計算法によって，工場消耗品の当月消費額を間接材料費として計上した。工場消耗品に関するデータは下記のとおりであった。

　　月初棚卸高：¥458,000　　当月購入高：¥3,963,000　　月末棚卸高：¥471,000

2．直接工の当月賃金消費額を，次の時間データと予定賃率¥820により計上した。

　　直接作業時間：3,240時間　　間接作業時間：450時間　　手待時間：60時間

3．工程別総合原価計算において，最終工程である第2工程の終点で主産物と副産物が分離された。主産物の完成品原価は¥7,921,000であり，副産物の評価額は¥79,000であった。

4．組別総合原価計算において，組間接費¥6,540,000をA組に30%，B組に70%の割合で配賦した。

5．数日前に，代金は月末に受取る約束で得意先に製品1,000個（単位原価¥2,200）を原価の30%増しで販売し，同時に売上原価も計上していた。しかし本日，得意先からの要請により，当該製品のうち25個の返品を承諾し，製品を引き取った。

6．工場の今月分の火災保険料¥328,000を本社側の分と合わせて本社側で現金払いした。なお，経費の記帳について，工場元帳には特に経費勘定を設けていない。また，支払関係はすべて本社側で行っている。工場会計が本社会計より独立している場合の工場側の仕訳を示しなさい。

第3問　標準原価計算制度を採用している大田六郷製作所の次の資料にもとづいて，仕掛－直接材料費勘定の記入を行いなさい。なお，標準原価差異は価格差異と数量差異に分けて記入すること。（16点）

1．製品1個あたりの標準直接材料費

　　　1.4kg×¥700＝¥980

　　なお，材料は製造工程の始点ですべて投入されている。

2．当月の実際直接材料費および実際直接材料消費量

　　実 際 直 接 材 料 費　　　¥6,162,300

　　実際直接材料消費量　　　　8,350kg

3．生産データ

　　月初仕掛品　　480個　　加工進捗度　40%

　　月末仕掛品　　540個　　加工進捗度　50%

　　完 成 品　6,140個

第4問　オリジナルの木工品を個別受注生産している別府製作所株式会社では，製造間接費については部門別計算を行っている。製造部門は切削部門と組立部門の2つであり，補助部門は動力部門と管理部門の2つである。よって，下記資料にもとづいて(1)部門費振替表の作成，(2)切削部門費勘定・動力部門費勘定・仕掛品勘定・製品勘定・売上勘定の記入，(3)指図書別原価計算表の作成及び(4)部門費差異の要因分析を行いなさい。なお，当月は，製造指図書♯51，♯52，♯53の製造を行ったが，補修指図書♯51-R1を発行し，補修を行った。月末には，補修指図書♯51-R1の作業は終了し，集計された製造原価は製造指図書♯51に賦課した。ただし，仕損費勘定は使用しないこと。（48点）

資　　　料

1．月初製品原価

	指図書♯50
前 月 繰 越 高	¥1,597,000

2．月初仕掛品原価

	指図書♯51
前 月 繰 越 高	¥523,100

3．材　料　費

	指図書♯51	指図書♯52	指図書♯53	指図書♯51-R1
直 接 材 料 費	¥54,900	¥387,100	¥264,800	¥20,300

	切削部門	組立部門	動力部門	管理部門	部門共通費
間 接 材 料 費	¥389,200	¥172,600	¥81,300	¥49,500	¥374,500

4．労　務　費

	指図書♯51	指図書♯52	指図書♯53	指図書♯51-R1
直 接 労 務 費	¥108,900	¥341,700	¥206,500	¥19,900

	切削部門	組立部門	動力部門	管理部門	部門共通費
間 接 労 務 費	¥216,800	¥308,200	¥94,100	¥87,900	¥381,500

5．経　　費

	指図書♯51	指図書♯52	指図書♯53	指図書♯51-R1
直 接 経 費	¥12,500	¥32,400	¥29,700	¥ －

	切削部門	組立部門	動力部門	管理部門	部門共通費
間 接 経 費	¥275,100	¥254,900	¥87,600	¥67,800	¥426,000

6．製造部門・補助部門への部門共通費の配賦割合

	切削部門	組立部門	動力部門	管理部門
部 門 共 通 費	30%	35%	25%	10%

7．作業くずの評価額

	指図書♯51	指図書♯52	指図書♯53	指図書♯51-R1
評 価 額	¥10,800	¥15,900	¥3,400	¥ －

	切削部門	組立部門	動力部門	管理部門
評 価 額	¥31,700	¥6,400	¥ －	¥ －

作業くずについては，各指図書及び各部門費から，それぞれの評価額を控除する処理を行う。

8．製造部門への補助部門費の配賦割合

	切削部門	組立部門
動 力 部 門 費	40%	60%
管 理 部 門 費	50%	50%

9．製造指図書への製造部門費の予定配賦額

①　製造部門費予算額及び基準操業度

	切削部門	組立部門
製造部門費予算額	¥20,010,000	¥25,500,000
基 準 操 業 度	23,000時間	25,000時間

なお，切削部門費及び組立部門費の配賦基準は，直接作業時間を採用している。

②　実際直接作業時間

	指図書♯51	指図書♯52	指図書♯53	指図書♯51-R1
切 削 部 門 費	470時間	590時間	420時間	30時間
組 立 部 門 費	690時間	670時間	350時間	20時間

10．製造指図書♯51及び♯52が完成した。

11．当月受注先に引き渡された製品は，製造指図書♯50及び♯51であった。販売価格は♯50が¥2,340,000，♯51が¥2,770,000であり，代金はすべて掛けとした。

12．売上原価勘定残高と売上勘定残高をそれぞれ月次損益勘定に振り替えた。

※氏名は記入しないこと。

会場コード

受験番号

【禁無断転載】

得　点
点

第208回簿記能力検定試験
1級　原価計算・工業簿記 解答用紙

制限時間
【1時間30分】

第1問採点

第1問 （12点）

（ア）	（イ）	（ウ）
（エ）	（オ）	（カ）

第2問採点

第2問 （24点）

	借　方　科　目	金　　額	貸　方　科　目	金　　額
1				
2				
3				
4				
5				
6				

第3問採点

第3問 （16点）

仕掛－直接材料費

前 月 繰 越	（　　　　）	製　　　　品	（　　　　）
材　　　　料	（　　　　）	（　　）差 異	（　　　　）
（　　）差 異	（　　　　）	**次 月 繰 越**	（　　　　）
	（　　　　）		（　　　　）
前 月 繰 越	（　　　　）		

第4問採点

第4問 （48点）

(1)

部 門 費 振 替 表

（単位：円）

摘　　　要	合　　　計	切削部門	組立部門	動力部門	管理部門
部 門 個 別 費					
間 接 材 料 費					
間 接 労 務 費					
間 接 経 費					
部門共通費配賦額					
部 門 費 合 計					
作業くず評価額					
差 引 計					
動 力 部 門 費					
管 理 部 門 費					
実 際 発 生 額					
予 定 配 賦 額					
部 門 費 差 異	（　　）	（　　）	（　　）		

部門費差異の行の（　）内には，借方差異ならば－を，貸方差異ならば＋を記入しなさい。

(2)

切　削　部　門　費

製 造 間 接 費	(	)	(	)	(	)
(	)	(	)	作 業 く ず	(	)
管 理 部 門 費	(	)	部 門 費 差 異	(	)
		(	)		(	)

動　力　部　門　費

(	)	(	)	切 削 部 門 費	(	)
				(	)	(	)
		(	)		(	)

仕　掛　品

前 月 繰 越	(	)	仕 掛 品	(	)
材　　　　料	(	)	製　　　品	(	)
賃 金 給 料	(	)	(	)	(	)
経　　　　費	(	)	次 月 繰 越	(	)
切 削 部 門 費	(	)		
組 立 部 門 費	(	)		
(	)	(	)		
		(	)		(	)
前 月 繰 越	(	)		

製　　　　品

前 月 繰 越	(	)	(	)	(	)
(	)	(	)	次 月 繰 越	(	)
		(	)		(	)
前 月 繰 越	(	)		

売　　　　上

(	)	(	)	(	)	(	)

(3)

指図書別原価計算表　　　　　　　　（単位：円）

摘　　　要	指図書♯51	指図書♯52	指図書♯53	指図書♯51-R1	合　　計
月初仕掛品原価					
直 接 材 料 費					
直 接 労 務 費					
直 接 経 費					
切 削 部 門 費					
組 立 部 門 費					
小　　　計					
補　　修　　費					
合　　　計					
作業くず評価額					
差　引　計					
備　　　考	完　成	完　成	仕 掛 中	♯51へ賦課	

(4) 部門費差異の要因分析

部門費総差異は¥【　　　　　　】であり，【有利・不利】差異となっているが，その要因をさらに分析

すると次のようになる。すなわち，組立部門の部門費差異は¥【　　　　　　】の【有利・不利】差異で

あった。しかし，切削部門の部門費差異は¥【　　　　　　】の【有利・不利】差異であり，せっかく組立

部門で得た原価節約分を結果として打ち消してしまったと考えられる。したがって，今後は【切削・組立】

部門の製造間接費について，原価管理を徹底する必要があると考えられる。

※【　　　　　　】欄には適切な金額を記入し，【有利・不利】欄と【切削・組立】欄については適切な方を○
で囲みなさい。

受験番号

解答は，すべて解答用紙に記入して必ず提出してください。

第209回簿記能力検定試験
問題用紙

1級　原価計算・工業簿記

（令和5年2月19日施行）

問題用紙（計算用紙含）は回収します。持ち帰り厳禁です。

注　意

- 試験開始の合図があるまで，問題用紙は開かないでください。
- この試験の制限時間は1時間30分です。
- 解答は，問題の指示にしたがい，すべて解答用紙の指定の位置に記入してください。
- 解答用紙の会場コードは，試験担当者が指示した6桁の数字を頭の0（ゼロ）を含めてすべて書いてください。
  受験番号は右寄せで書いてください。左の空白欄への0（ゼロ）記入は不要です。
  受験番号1番の場合，右寄せで1とだけ書いてください。
  受験番号90001番の場合，右寄せで90001とだけ書いてください。
  受験番号を記入していない場合や，氏名を記入した場合には，採点の対象とならない場合があります。
- 印刷の汚れや乱丁，筆記用具の不具合などで必要のある場合は，手をあげて試験担当者に合図をしてください。
- 下敷きは，机の不良などで特に許されたもの以外は使用してはいけません。
- 計算用具（そろばん・計算機能のみの電卓など）を使用してもかまいません。
- 解答用紙は，持ち帰りできませんので白紙の場合でも必ず提出してください。
  解答用紙を持ち帰った場合は失格となり，以後の受験をお断りする場合があります。
- **簿記上本来赤で記入する箇所も黒で記入すること。**
- **解答は，必ず解答用紙に記入してください。**
- **金額には3位ごとのカンマ「,」を記入すること。**
  ただし，位取りのけい線のある解答用紙にはカンマを記入しないこと。
  また，カンマ「,」（数字の下側に左向き）と小数点「.」は明確に区別できるようにすること。

主　催　　公益社団法人　全国経理教育協会

後　援　　文　部　科　学　省
　　　　　日　本　簿　記　学　会

第209回簿記能力検定試験問題
1級　原価計算・工業簿記

解答は解答用紙に

第1問　次の工業簿記・原価計算に関する文章（「原価計算基準」に準拠）の（ア）から（カ）の下線部について，妥当であれば○印を，妥当でなければ×印を解答用紙の解答欄に記入しなさい。（12点）

1．原価計算の目的の1つとして，(ア) 企業上層の経営管理者のみに対して原価管理に必要な原価資料を提供することが挙げられている。

2．実際原価とは，財貨の実際消費量をもって計算した原価を意味する。ただし，(イ) その実際消費量は経営の正常な状態を前提とするものであり，異常な状態を原因とする異常な消費量は実際消費量と解さない。

3．形態別分類とは，財務会計における費用の発生を基礎とする分類，すなわち原価発生の形態による分類であり，原価要素は (ウ) 直接材料費，直接労務費および製造間接費に属する各費目に分類される。

4．補助部門費は適当な配賦基準にしたがい，各製造部門に配賦されて製造部門費が計算されるが，(エ) 一部の補助部門費は，必要ある場合には製造部門に配賦しないで直接製品に配賦することができる。

5．標準原価計算の目的として，まず原価管理が挙げられるが，(オ) 標準原価を勘定組織の中に組み入れることによって，記帳を簡略化し，迅速化するという目的も含まれる。

6．標準原価計算制度における原価差異の処理について，(カ) 異常な状態に基づくものであったとしても，数量差異，作業時間差異，能率差異に含まれるものであれば非原価項目とはしない。

第2問　次の取引を仕訳しなさい。ただし，勘定科目は，次の中から最も正しいと思われるものを選ぶこと。（24点）

工 場 消 耗 品	A 補 助 部 門 費	売 上 原 価	工　　　　　場
当 座 預 金	賃 金 給 料	作 業 時 間 差 異	製 造 間 接 費
素　　　　　材	現　　　　　金	副 産 物	B 補 助 部 門 費
第 1 製 造 部 門 費	本　　　　　社	仕 掛 品	第 2 製 造 部 門 費
製　　　　　品	売　　　　　上	賃 率 差 異	第 2 工 程 仕 掛 品

1．棚卸計算法によって，工場消耗品の当月消費額を間接材料費として計上した。工場消耗品に関するデータは下記のとおりであった。

月初棚卸高　¥241,000　　当月購入高　¥1,128,000　　月末棚卸高　¥219,000

2．標準原価計算において，仕掛品勘定借方に実際直接労務費を記帳している。次のデータから作業時間差異を計上する。

標準賃率：¥940／時間　　標準直接作業時間：2,800時間　　実際直接作業時間：2,815時間

3．A補助部門費¥1,840,000とB補助部門費¥1,620,000を下記の割合で各製造部門に振り替えた。

A補助部門費：第1製造部門　65%　　第2製造部門　35%
B補助部門費：第1製造部門　45%　　第2製造部門　55%

4．工程別総合原価計算において，最終工程である第2工程の終点で主産物と副産物が分離された。主産物の完成品原価は¥4,228,000であり，副産物の評価額は¥52,000であった。

5．得意先に製品600個（1個当たりの製造原価¥1,800）を原価の25%増しで販売し，代金は得意先振り出しの小切手で受け取った。なお，製品勘定が設けられているものとし，売上原価も計上する。

6．工場の製造設備の今月分の減価償却費¥2,800,000を本社側で計上した。なお，工場側には特に経費勘定は設けていない。また，減価償却累計額勘定は本社側に設けている。工場会計が本社会計から独立している場合の工場側の仕訳を示しなさい。

第3問　次の資料にもとづいて，直接原価計算方式による損益計算書を作成しなさい。また，損益分岐点及び目標営業利益￥2,700,000を達成するための販売数量を計算しなさい。(20点)

1．製品1個当たりの販売単価は￥5,200であった。

2．当月の生産数量は3,800個であり，販売数量は3,400個であった。なお，月初・月末ともに仕掛品棚卸高はなく，月初製品棚卸高もなかった。

3．当月の製造原価（3,800個分）は下記のとおりであった。

直接材料費	￥ 4,370,000	
加 工 費	￥10,298,000	（うち￥6,954,000が変動費であり，残りが固定費であった）
合 計	￥14,668,000	

4．変動販売費は1個当たり￥420であり，固定販売費は￥676,000であった。

5．当月の一般管理費は￥840,000であり，すべて固定費であった。

第4問　W工業株式会社は，N組とS組という2種類の製品の製造，販売を行っている。これらは組製品であり，組別総合原価計算が採用されている。下記の資料を参照し，各勘定の記入および原価計算表を作成しなさい。(44点)

資　　　料

a．材料の月初勘定残高として￥548,400が計上されている。

b．仕掛品の月初勘定残高は次のとおりであった。

N組：￥471,200	内訳	直 接 材 料 費	￥282,400
		加 工 費	￥188,800
S組：￥641,400	内訳	直 接 材 料 費	￥409,500
		加 工 費	￥231,900

c．製品の月初勘定残高は次のとおりであった。

N組：￥1,008,000 （600個）

S組：￥1,266,000 （400個）

d．未払賃金給料勘定に，月初未払高￥767,600が計上されていたため，賃金給料勘定に再振替えを行う。

e．前払経費勘定に，月初前払高￥92,200が計上されていたため，経費勘定に再振替えを行う。

f．材料はすべて製造の始点で投入されているものとし，加工費は製造の進行につれて消費するものとする。

g．S組製品の製造工程の終点において，副産物が分離される。

h．月末仕掛品の評価は平均法により，売上原価の計算は先入先出法による。

取　　　引

1．材料￥6,600,000を掛けで購入し，引取運賃￥41,000は小切手を振り出して支払った。

2．当月分の賃金￥6,225,300から預り金￥514,300を差し引き，当座預金から各人の預金口座へ振り込んだ。

3．材料と賃金給料の消費高の内訳は次のとおりであった。なお，材料の当月末帳簿棚卸高は￥505,300であり，棚卸減耗はなかった。また，賃金の月末未払高￥649,400を未払賃金給料勘定へ振り替える。

	N 組	S 組	組間接費
材　　料	￥2,288,000	￥ 各自推算	￥446,000
賃金給料	￥ 各自推算	￥3,307,900	￥727,000

4．経費￥654,200を，小切手を振り出して支払った。

5．減価償却費の年間見積額は￥3,751,200であり，当月分を経費に計上した。

6．経費の消費高は，組直接費が¥426,600（内訳：N組¥184,300　S組¥242,300）であり，残りが上記の減価償却費を含めて組間接費であった。なお，経費の当月前払高¥89,400を前払経費勘定へ振り替える。

7．組間接費の実際発生高をN組に45％，S組に55％の割合で配賦した。

8．当月の製造状況は，次のとおりであった。

	N 組		S 組	
月初仕掛品	400 個	(50％)	300 個	(50％)
当月投入	3,200		2,850	
合計	3,600 個		3,150 個	
月末仕掛品	600	(50％)	400	(50％)
副産物	―		150	
完成品	3,000 個		2,600 個	

なお，仕掛品の（　　）内は，加工進捗度をあらわす。

9．上記の副産物の評価額は¥21,500であった。

10．当月のN組製品の販売状況は，次のとおりであり，すべて掛け販売であった。なお，N組製品の販売時に売上原価も計上する。

　　販　売　量　　　3,100個　　　売　価　　　@¥2,680

11．当月のS組製品の販売状況は，次のとおりであり，すべて掛け販売であった。なお，S組製品の販売時に売上原価も計上する。

　　販　売　量　　　2,800個　　　売　価　　　@¥4,980

※氏名は記入しないこと。

会場コード

受験番号

第209回簿記能力検定試験

1級　原価計算・工業簿記 解答用紙

得　点
点

制限時間
【1時間30分】

第1問採点

第1問（12点）

ア	イ	ウ	エ	オ	カ

第2問採点

第2問（24点）

	借　方　科　目	金　　額	貸　方　科　目	金　　額
1				
2				
3				
4				
5				
6				

第3問採点

第3問 （20点）

損益計算書（直接原価計算）　　　（単位：円）

Ⅰ	売　　上　　高	（　　　　　）
Ⅱ	変 動 売 上 原 価	（　　　　　）
	製 造 マ ー ジ ン	（　　　　　）
Ⅲ	変 動 販 売 費	（　　　　　）
	貢 献 利 益	（　　　　　）
Ⅳ	固 　 定 　 費	（　　　　　）
	営 業 利 益	（　　　　　）

損 益 分 岐 点 に お け る 販 売 数 量	個
目標営業利益￥2,700,000を達成する販売数量	個

第4問採点

第4問 （44点）

材　　　料

前 月 繰 越	（　　　　）	N 組 仕 掛 品	（　　　　）
（　　　　）	（　　　　）	S 組 仕 掛 品	（　　　　）
当 座 預 金	（　　　　）	（　　　　）	（　　　　）
		次 月 繰 越	（　　　　）
	（　　　　）		（　　　　）
前 月 繰 越	（　　　　）		

賃 金 給 料

（　　　　）	（　　　　）	未 払 賃 金 給 料	（　　　　）
預 　 り 　 金	（　　　　）	N 組 仕 掛 品	（　　　　）
未 払 賃 金 給 料	（　　　　）	（　　　　）	（　　　　）
		組 間 接 費	（　　　　）
	（　　　　）		（　　　　）

経 　 費

前 払 経 費	（　　　　）	（　　　　）	（　　　　）
（　　　　）	（　　　　）	S 組 仕 掛 品	（　　　　）
減 価 償 却 累 計 額	（　　　　）	組 間 接 費	（　　　　）
		前 払 経 費	（　　　　）
	（　　　　）		（　　　　）

組 間 接 費

材　　　料	(	)	(	)	(	)
(　　　　)	(	)	S 組 仕 掛 品	(	)	
経　　　費	(	)				
	(	)			(	)

N 組 仕 掛 品

前 月 繰 越	(	)	(	)	(	)
材　　　料	(	)	次 月 繰 越	(	)	
賃 金 給 料	(	)				
経　　　費	(	)				
組 間 接 費	(	)				
	(	)			(	)
前 月 繰 越	(	)				

N 組 製 品

前 月 繰 越	(	)	(	)	(	)
N 組 仕 掛 品	(	)	次 月 繰 越	(	)	
	(	)			(	)
前 月 繰 越	(	)				

S 組 仕 掛 品

前 月 繰 越	(	)	S 組 製 品	(	)	
(　　　　)	(	)	(　　　　)	(	)	
賃 金 給 料	(	)	次 月 繰 越	(	)	
経　　　費	(	)				
(　　　　)	(	)				
	(	)			(	)
前 月 繰 越	(	)				

S 組 製 品

前 月 繰 越	(	)	(	)	(	)
(　　　　)	(	)	次 月 繰 越	(	)	
	(	)			(	)
前 月 繰 越	(	)				

N組原価計算表

摘　　要	金	額
月 初 仕 掛 品		
直 接 材 料 費	(　　　　　　　)	
加 工 費	(　　　　　　　)	(　　　　　　　)
当 月 製 造 費 用		
組 直 接 費		
直 接 材 料 費	(　　　　　　　)	
直 接 労 務 費	(　　　　　　　)	
直 接 経 費	(　　　　　　　)	
組間接費配賦額	(　　　　　　　)	(　　　　　　　)
合 　　　 計		(　　　　　　　)
月 末 仕 掛 品		
直 接 材 料 費	(　　　　　　　)	
加 工 費	(　　　　　　　)	(　　　　　　　)
完 成 品 原 価		(　　　　　　　)
完 成 品 数 量		(　　　　　　)個
単 位 原 価		(@　　　　　　)

S組原価計算表

摘　　要	金	額
月 初 仕 掛 品		
直 接 材 料 費	(　　　　　　　)	
加 工 費	(　　　　　　　)	(　　　　　　　)
当 月 製 造 費 用		
組 直 接 費		
直 接 材 料 費	(　　　　　　　)	
直 接 労 務 費	(　　　　　　　)	
直 接 経 費	(　　　　　　　)	
組間接費配賦額	(　　　　　　　)	(　　　　　　　)
合 　　　 計		(　　　　　　　)
月 末 仕 掛 品		
直 接 材 料 費	(　　　　　　　)	
加 工 費	(　　　　　　　)	(　　　　　　　)
副 産 物 評 価 額		(　　　　　　　)
完 成 品 原 価		(　　　　　　　)
完 成 品 数 量		(　　　　　　)個
単 位 原 価		(@　　　　　　)

受験番号

解答は，すべて解答用紙に記入して必ず提出してください。

第210回簿記能力検定試験
問題用紙

1級　原価計算・工業簿記

（令和5年5月28日施行）

問題用紙（計算用紙含）は回収します。持ち帰り厳禁です。

注　意

- ・試験開始の合図があるまで，問題用紙は開かないでください。
- ・この試験の制限時間は1時間30分です。
- ・解答は，問題の指示にしたがい，すべて解答用紙の指定の位置に記入してください。
- ・解答用紙の会場コードは，試験担当者が指示した6桁の数字を頭の0（ゼロ）を含めてすべて書いてください。
  受験番号は右寄せで書いてください。左の空白欄への0（ゼロ）記入は不要です。
  受験番号1番の場合，右寄せで1とだけ書いてください。
  受験番号90001番の場合，右寄せで90001とだけ書いてください。
  受験番号を記入していない場合や，氏名を記入した場合には，採点の対象とならない場合があります。
- ・印刷の汚れや乱丁，筆記用具の不具合などで必要のある場合は，手をあげて試験担当者に合図をしてください。
- ・下敷きは，机の不良などで特に許されたもの以外は使用してはいけません。
- ・計算用具(そろばん・計算機能のみの電卓など)を使用してもかまいません。
- ・解答用紙は，持ち帰りできませんので白紙の場合でも必ず提出してください。
  解答用紙を持ち帰った場合は失格となり，以後の受験をお断りする場合があります。
- **・簿記上本来赤で記入する箇所も黒で記入すること。**
- **・解答は，必ず解答用紙に記入してください。**
- **・金額には3位ごとのカンマ「，」を記入すること。**
  ただし，位取りのけい線のある解答用紙にはカンマを記入しないこと。
  また，カンマ「，」（数字の下側に左向き）と小数点「.」は明確に区別できるようにすること。

主　催　公益社団法人　全国経理教育協会
後　援　文　部　科　学　省
　　　　日　本　簿　記　学　会

第210回簿記能力検定試験問題
1級　原価計算・工業簿記

解答は解答用紙に

第1問　次の工業簿記・原価計算に関する文章（「原価計算基準」に準拠している）の（ア）～（カ）にあてはまる最も適当な語句を，それぞれに設けた【選択肢】の中から選び，記入しなさい。（12点）

1．原価計算制度において，原価とは，経営における（ア）【選択肢】：一定の製品，一定の給付）に関わらせて，把握された財貨又は用役の消費を，貨幣価値的に表したものである。

2．原価要素の分類上，健康保険料負担金等の福利費は（イ）【選択肢】：間接労務費，間接経費）であり，従業員が利用する福利施設の負担額は（ウ）【選択肢】：間接労務費，間接経費）である。

3．原価の部門別計算とは，費目別計算において把握された原価要素を，原価部門別に分類集計する手続をいい，原価計算における（エ）【選択肢】：第二次，第三次）の計算段階である。

4．副産物とは，主産物の製造過程から（オ）【選択肢】：偶然に，必然に）派生する物品をいう。

5．個別原価計算では，（カ）【選択肢】：継続製造指図書，特定製造指図書）について個別的に直接費及び間接費を集計し，製品原価は，これを当該指図書に含まれる製品の生産完了時に算定する。

第2問　次の取引を仕訳しなさい。ただし，勘定科目は，以下より最も適当なものを選ぶこと。（24点）

現　　　金	売　掛　金	材　　　料	賃　金　給　料
仕　掛　品	A 組 仕 掛 品	B 組 仕 掛 品	製　　　品
機　械　装　置	買　掛　金	未　払　金	外　注　加　工　賃
製　造　間　接　費	組　間　接　費	支　払　運　賃	予　算　差　異
年　次　損　益	月　次　損　益	本　　　社	工　　　場

1．次のデータにもとづいて，主要材料Mの棚卸減耗費を計算し，適切な処理を行った。なお，棚卸減耗費勘定は使用していない。

　　月初在庫量：　220kg（@¥8,500）　　月間購入量：4,100kg（@¥8,500）

　　月間払出量：3,970kg　　　　　　　　月末実地棚卸量：　346kg

2．製造指図書＃23の原価計算表には，自家用機械の製造原価¥1,703,000が前日までに集計されており，本日，これに特殊部品の外注加工賃¥320,000を賦課（帳簿記入済み）し完成・納品したので，機械装置勘定に振り替えた。

3．組別総合原価計算において，賃金給料を下記の通り消費した。

　　A組製品：¥2,678,000　　　B組製品：¥2,049,000　　　組間接費：¥1,350,000

4．標準原価計算制度を採用している全経製作所では，仕掛品勘定の借方に製造間接費の実際発生額を記帳している。当月の下記データにもとづいて予算差異を計上した。

　　実際作業時間における予算額：¥1,854,000　　　当月実際発生額：¥1,871,000

5．当社では，帳簿組織の記帳システムに直接原価計算を導入している。当月の製造間接費勘定残高の内訳は下記のとおりであり，適切な振り替え処理を行う。

　　変動製造間接費：¥2,690,000　　　固定製造間接費：¥3,250,000

6．全経工業株式会社の本社は，本日，主要材料¥3,277,000を月末払いの条件で仕入先から購入し，引取運賃¥53,000を現金で支払い，工場に送付した。工場会計が本社会計より独立している場合の工場側の仕訳を示しなさい。

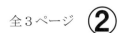

第3問　次の資料にもとづいて，連産品原価計算表を完成し，Ｂ製品勘定を完成しなさい。なお，仕掛品勘定で全体の完成品総合原価（連結原価）を計算したあと，あん分している。(20点)

1. 当月製造費用　　材　料　費：¥3,492,000　　賃金給料：¥2,851,000　　経　　　費：¥1,076,000
2. 仕掛品棚卸高　　月初棚卸高：¥　794,000　　月末棚卸高：¥　667,000
3. 等価係数は，各製品の正常市価による（Ａ製品の等価係数を１とすること）。
4. 各製品の正常市価と数量

製　品	正常市価	当月完成数量	月初棚卸数量	月末棚卸数量	当月販売数量
Ａ製品	@¥　600	3,200kg	600kg	500kg	3,300kg
Ｂ製品	@¥　900	2,400kg	750kg	650kg	2,500kg
Ｃ製品	@¥1,500	1,200kg	400kg	220kg	1,380kg

5. 製品の払出単価の計算は，平均法による。

第4問　株式会社全経製作所の〇年5月中の取引は下記のとおりである。次に示した条件を参照して，解答用紙の各勘定口座の（　　　　）内に勘定科目または金額を記入し，月次製造原価報告書および月次損益計算書（売上総利益まで）を作成しなさい。(44点)

条　　　　件

1. 当社は個別原価計算制度を採用し，顧客の注文に応じていろいろな種類のアニメキャラクターのアクセサリーを製造し，製品完成後はいったん倉庫に納めた後，顧客に引き渡している。
2. 月初勘定残高（一部）は，次のとおりである。
   材　　　料（借方残高）¥320,000（内訳：主要材料分　¥222,000　　補助材料分　¥　98,000）
   賃金給料（貸方残高）¥675,000（内訳：直接工分　¥476,000　　間接工等分　¥199,000）
   仕　掛　品（借方残高）¥653,000
   製　　　品（借方残高）¥574,000
3. 材料の実際消費量については，主要材料は継続記録法により，補助材料は棚卸計算法によりそれぞれ把握している。
4. 直接工については，作業内容別の時間把握を行い，実際消費賃率によって賃金消費高を計算している。
5. 間接工等については，作業内容別の時間把握を行っていない。
6. 製造間接費は，直接作業時間を基準として予定配賦を行う。
   年間製造間接費予算　¥24,000,000　　年間直接作業時間（基準操業度）　16,000時間
7. 経費の記帳方法については，経費勘定を使用せず，各費目から消費額を振り替える方法によっている。
8. 製造間接費配賦差異を月次損益計算書に計上する場合は，原価差異と表記する。

取　　　　引

1. 材料の当月掛購入高は¥1,478,000であり，そのうち主要材料分は¥1,063,000であった。残額は補助材料分である。
2. 直接工および間接工等に対する当月の給与総支給高（預り金控除前）は¥1,385,000であり，そのうち直接工分は¥1,108,000であった。残額は間接工等分である。
3. 当月の主要材料消費高は¥1,029,000であり，すべて直接材料費であった。なお，主要材料の月末実地棚卸高は，材料元帳の帳簿棚卸高と一致している。

4．当月の直接工実際賃金消費高を計上した。作業時間は1,400時間であり，すべて直接作業時間であった。なお，実際消費賃率は¥870／時間である。

5．直接工の直接作業時間により製造間接費を予定配賦した。

6．補助材料の月末実地棚卸高は¥87,000であり，実際消費高を製造間接費とした。

7．直接工の賃金月末未払高は¥586,000であった。

8．間接工等の賃金月末未払高は¥143,000であり，実際消費高を製造間接費とした。

9．電力料について，当月の支払額は¥539,000であり，当月の測定額は¥514,000であった。当月分の消費高を計上した。

10．新しいアニメキャラクターRのアクセサリーを製造するために，特殊な加工を外部業者に発注し，その費用¥347,000を外注加工賃勘定に計上した。

11．租税公課はすべて固定資産税であり，第1期納付額（3か月分）¥318,000のうち，当月分の消費高を月割計上した。

12．保険料の月初前払高は¥83,000で，当月支払高は¥367,000であり，月末前払高¥96,000があった。当月分の消費高を計上した。

13．年間の減価償却費¥3,684,000はすべて工場の建物と機械に関するものであり，当月分を月割計上した。

14．製造間接費の予定配賦高と実際消費高との差額を製造間接費配賦差異勘定に振り替えた。

15．当月の完成品原価は¥4,700,000であり，製品勘定に振り替えた。月末仕掛品の記入もあわせて行った。

16．月末の製品棚卸高は¥602,000であり，販売分を売上原価勘定に振り替えた。なお，当月の売上高（すべて掛売り上げ）は¥6,400,000であった。

17．売上勘定残高と売上原価勘定残高を，それぞれ月次損益勘定へ振り替えた。

※氏名は記入しないこと。

| 会場コード |
| 受験番号 |

第210回簿記能力検定試験

1級　原価計算・工業簿記 解答用紙

得　点

点

制限時間
【1時間30分】

第1問採点

第1問（12点）

（ア）	（イ）	（ウ）
（エ）	（オ）	（カ）

第2問採点

第2問（24点）

	借　方　科　目	金　　額	貸　方　科　目	金　　額
1				
2				
3				
4				
5				
6				

第3問（20点）

第3問採点

連産品原価計算表

製品名	正常市価	等価係数	生産量	積数	あん分原価	単位原価
A製品	@¥	1	kg		¥	@¥
B製品	@¥		kg		¥	@¥
C製品	@¥		kg		¥	@¥
					¥	

B　製　品

借　　方	金　　額	貸　　方	金　　額
前 月 繰 越	891,450	（　　　）	（　　）
（　　　）	（　　　）	次 月 繰 越	（　　）
	（　　　）		（　　）
前 月 繰 越	（　　　）		

第4問（44点）

第4問採点

材　　料

前 月 繰 越	（　　）	仕 掛 品	（　　）
買 掛 金	（　　）	製 造 間 接 費	（　　）
		次 月 繰 越	（　　）
	（　　）		（　　）

賃 金 給 料

諸　　口	（　　）	前 月 繰 越	（　　）
次 月 繰 越	（　　）	仕 掛 品	（　　）
		製 造 間 接 費	（　　）
	（　　）		（　　）

製　造　間　接　費

材　　　料	(　　　　　)	(　　　　　　　)	(　　　　　　　)
賃　金　給　料	(　　　　　)		
(　　　　　　)	(　　　　　)		
電　力　料	(　　　　　)		
租　税　公　課	(　　　　　)		
保　険　料	(　　　　　)		
製造間接費配賦差異	(　　　　　)		
	(　　　　　)		(　　　　　　　)

仕　掛　品

前　月　繰　越	(　　　　　)	製　　　品	(　　　　　　　)
材　　　料	(　　　　　)	次　月　繰　越	(　　　　　　　)
賃　金　給　料	(　　　　　)		
(　　　　　　)	(　　　　　)		
製　造　間　接　費	(　　　　　)		
	(　　　　　)		(　　　　　　　)

製　　　品

前　月　繰　越	(　　　　　)	売　上　原　価	(　　　　　　　)
仕　　　掛　　　品	(　　　　　)	次　月　繰　越	(　　　　　　　)
	(　　　　　)		(　　　　　　　)

売　　　上

(　　　　　)	(　　　　　)	(　　　　　)	(　　　　　　　)

月　次　製　造　原　価　報　告　書

㈱全経製作所　　　　　　　○年5月1日〜5月31日　　　　　　（単位：円）

I　材　料　費		
1．月初材料棚卸高	（　　　）	
2．当月材料仕入高	（　　　）	
合　　　計	（　　　）	
3．月末材料棚卸高	（　　　）	
当　月　材　料　費		（　　　）
II　労　務　費		
1．直　接　工　賃　金	（　　　）	
2．間　接　工　賃　金　等	（　　　）	
当　月　労　務　費		（　　　）
III　経　　　費		
1．外　注　加　工　賃	（　　　）	
2．減　価　償　却　費	（　　　）	
3．電　力　料	（　　　）	
4．租　税　公　課	（　　　）	
5．保　険　料	（　　　）	
当　月　経　費		（　　　）
製造間接費配賦差異		（　　　）
当　月　製　造　費　用		（　　　）
月初仕掛品棚卸高		（　　　）
合　　　計		（　　　）
月末仕掛品棚卸高		（　　　）
（　　　　　）		（　　　）

月　次　損　益　計　算　書

㈱全経製作所　　　　　　　○年5月1日〜5月31日　　　　　　（単位：円）

I　売　上　高		（　　　）
II　売　上　原　価		
1．月初製品棚卸高	（　　　）	
2．当月製品製造原価	（　　　）	
合　　　計	（　　　）	
3．月末製品棚卸高	（　　　）	
差　　　引	（　　　）	
4．原　価　差　異	（　　　）	（　　　）
売　上　総　利　益		（　　　）

受験番号

解答は，すべて解答用紙に記入して必ず提出してください。

第211回簿記能力検定試験
問題用紙

1級　原価計算・工業簿記

（令和5年7月9日施行）

問題用紙（計算用紙含）は回収します。持ち帰り厳禁です。

注　　意

- 試験開始の合図があるまで，問題用紙は開かないでください。
- この試験の制限時間は1時間30分です。
- 解答は，問題の指示にしたがい，すべて解答用紙の指定の位置に記入してください。
- 解答用紙の会場コードは，試験担当者が指示した6桁の数字を頭の0（ゼロ）を含めてすべて書いてください。
  受験番号は右寄せで書いてください。左の空白欄への0（ゼロ）記入は不要です。
  受験番号1番の場合，右寄せで1とだけ書いてください。
  受験番号90001番の場合，右寄せで90001とだけ書いてください。
  受験番号を記入していない場合や，氏名を記入した場合には，採点の対象とならない場合があります。
- 印刷の汚れや乱丁，筆記用具の不具合などで必要のある場合は，手をあげて試験担当者に合図をしてください。
- 下敷きは，机の不良などで特に許されたもの以外は使用してはいけません。
- 計算用具(そろばん・計算機能のみの電卓など)を使用してもかまいません。
- 解答用紙は，持ち帰りできませんので白紙の場合でも必ず提出してください。
  解答用紙を持ち帰った場合は失格となり，以後の受験をお断りする場合があります。
- 簿記上本来赤で記入する箇所も黒で記入すること。
- 解答は，必ず解答用紙に記入してください。
- 金額には3位ごとのカンマ「，」を記入すること。
  ただし，位取りのけい線のある解答用紙にはカンマを記入しないこと。
  また，カンマ「，」（数字の下側に左向き）と小数点「．」は明確に区別できるようにすること。

主　催　　公益社団法人　全国経理教育協会

後　援　　文　部　科　学　省
　　　　　日　本　簿　記　学　会

第211回簿記能力検定試験問題
1級　原価計算・工業簿記

解答は解答用紙に

第1問　次の工業簿記・原価計算に関する文章（「原価計算基準」に準拠）の（ア）から（カ）の下線部について，妥当であれば○印を，妥当でなければ×印を解答用紙の解答欄に記入しなさい。（12点）

1．原価管理上必要ある場合には，実際原価計算制度においても（ア）必要な原価の標準を勘定組織のわく外において設定し，これと実際との差異を分析，報告することがある。
2．長期にわたって休止している設備であっても，（イ）製造設備であればその減価償却費は原価に算入する。
3．形態別分類とは，財務会計における費用の発生を基礎とする分類，すなわち原価発生の形態による分類であり，原価要素は，この分類基準によって（ウ）材料費，労務費および経費に属する各費目に分類される。
4．製造部門とは，直接製造作業の行われる部門をいうが，（エ）副産物の加工，包装品の製造等を行ういわゆる副経営は，製造部門には含まれない。
5．個別原価計算において，作業くずは，これを総合原価計算の場合に準じて評価し，その発生部門の部門費から控除する。（オ）そのため，当該製造指図書の直接材料費または製造原価から控除されることはない。
6．等級別総合原価計算において下記のように2種類の製品が完成した。
　　S級製品：1,200個（等価係数0.5）　　　L級製品：1,400個（等価係数1.0）
　　当月の完成品総合原価が¥1,800,000であったとすると，S級製品の完成品単位原価は（カ）¥450になる。

第2問　次の取引を仕訳しなさい。ただし，勘定科目は，次の中から最も適当なものを選ぶこと。（24点）

工 場 消 耗 品	A補助部門費	売 上 原 価	工　　場
当 座 預 金	賃 金 給 料	作 業 時 間 差 異	製 造 間 接 費
材　　料	機 械 装 置	売 掛 金	B補助部門費
第1製造部門費	本　　社	仕 掛 品	第2製造部門費
製　　品	売　　上	賃 率 差 異	第2工程仕掛品

1．主要材料の消費額を直接材料費として計上した。なお，実際消費量は1,500kgであり，消費価格の計算は先入先出法による。
　　月初棚卸高　350kg　@¥480　　当月購入高　1,600kg　@¥520
2．当月の直接工の予定消費賃率による賃金消費額は¥2,436,000であり，実際賃率による賃金消費額は¥2,470,000であった。これをもとに賃率差異を計上した。
3．A補助部門費¥580,000とB補助部門費¥1,140,000を下記の割合で各製造部門に振り替えた。
　　A補助部門費：第1製造部門　30%　　第2製造部門　70%
　　B補助部門費：第1製造部門　60%　　第2製造部門　40%
4．特定製造指図書#12の原価計算表には，自家用機械の製造原価が集計されており，本日完成した。なお，原価計算表の内訳は次のとおりである。
　　前月繰越：¥60,000　　直接労務費：¥331,000　　直接経費：¥12,000　　製造間接費：¥256,000
5．得意先に販売単価¥680で2,500個を販売した製品（単位原価¥420）のうち50個が先方の要求する仕様を満たしていなかったため返品され，返品分は掛代金から差し引いた。売上原価を販売時に計上している。
6．工場の製造設備の当月分の減価償却費¥1,200,000を本社側で計上した。なお，工場側には特に経費勘定は設けていない。また，減価償却累計額勘定は本社側に設けている。工場会計が本社会計から独立している場合の工場側の仕訳を示しなさい。

第3問　次の資料にもとづいて，仕掛品勘定を完成しなさい。なお，月末仕掛品の評価は先入先出法による。また，当月の製品1個当たりの原価についても計算しなさい。(16点)

1．原価資料

	材 料 費	加 工 費
月初仕掛品原価	￥ 60,800	￥ 50,800
当月製造費用	744,000	1,231,400

2．製造数量

月 初 仕 掛 品	400	個	（加工進捗度50%）
当 月 投 入	4,800		
合 計	5,200	個	
月 末 仕 掛 品	600		（加工進捗度50%）
副 産 物	100		（工程の終点で分離する）
主 産 物	4,500	個	

なお，材料は，製造の着手時にすべて投入されている。

3．副産物の評価額は，1個当たり￥254である。

第4問　W工業株式会社は，完全受注で製造用設備機械を製造・販売している。同社では個別原価計算が採用されている。下記の条件を参照し，各勘定の記入および原価計算表を作成しなさい。(48点)

条　　　件

1．当月は，製造指図書＃101・＃102・＃103の製造を行ったが，＃101の一部に修復可能な仕損が生じたため，補修指図書＃101-R1を発行し，補修を行った。

2．材料の消費高については，主要材料は継続記録法（先入先出法）により，また補助材料は棚卸計算法により計算している。

3．労務費については，直接工は作業内容別の時間把握を行い，予定消費賃率により賃金消費高を計算している。しかし，間接工等については，作業内容別の時間把握を行っていない。

4．製造間接費については，直接作業時間を基準として予定配賦している。
　年間製造間接費予算額　￥34,440,000　　年間直接作業時間（基準操業度）　42,000時間

5．月初勘定残高（一部）については，次のとおりである。
　材　　　料（借方残高）　￥269,900（内訳：主要材料分　￥228,600，補助材料分　￥ 41,300）
　賃金給料（貸方残高）　￥526,000（内訳：直接工分　￥414,000，間接工等分　￥112,000）
　仕　掛　品（借方残高）　￥544,600（すべて製造指図書＃101に対するものである）

取　　　引

1．材料￥2,212,900を購入し，そのうち￥1,898,700が主要材料分，残りが補助材料である。なお，材料はすべて掛けで仕入れた。

2．直接工及び間接工等に対する当月の給与総支給高は￥3,927,000であった。そのうち直接工分は￥3,124,500であり，残りは間接工等の分である。

3．材料（主要材料）を次のとおり消費した。

直接材料費				間接材料費	合　計
製造指図書#101	製造指図書#102	製造指図書#103	補修指図書#101-R1		
￥562,300	￥621,500	￥648,700	￥69,400	￥71,200	￥1,973,100

4．直接工の賃金消費高を，次の作業時間によって計上した。予定消費賃率は1時間当たり￥960である。

直接作業時間				間接作業時間	合　計
製造指図書#101	製造指図書#102	製造指図書#103	補修指図書#101-R1		
920時間	940時間	880時間	210時間	250時間	3,200時間

5．製造間接費を，直接工の直接作業時間により予定配賦した。

6．主要材料の月末実地棚卸高は￥144,000であり，棚卸減耗費は製造間接費とした。なお，棚卸減耗費勘定は使用しないものとする。

7．補助材料の月末実地棚卸高は￥38,400であり，実際消費高を製造間接費とした。

8．賃金給料の月末未払高は，直接工が￥378,500であり，間接工等は￥107,800であった。直接工については賃率差異を計上し，間接工等については実際消費高を製造間接費とした。

9．その他の製造経費￥994,000を製造間接費として計上した。製造間接費の予定配賦高と実際消費高との差額を製造間接費配賦差異勘定に振り替えた。

10．補修指図書#101-R1の作業が終了し，集計された製造原価を製造指図書#101に賦課した。仕損費勘定は使用しないものとする。

11．製造指図書#102，#103の製造過程より作業くずが発生した。これらの評価額は各製造指図書#102，#103の製造原価から控除する。

　　　作業くず評価額：製造指図書#102　￥8,000
　　　　　　　　　　　製造指図書#103　￥6,000

12．製造指図書#101と#102が完成した。

13．製品#101を販売価格￥4,680,000で顧客に引き渡し，代金はすべて掛けとした。なお，製品#101の売上原価も同時に計上した。

14．収益勘定・費用勘定を月次損益勘定へ振り替えた。

会場コード

受験番号

【禁無断転載】

得 点
点

第211回簿記能力検定試験
1級　原価計算・工業簿記 解答用紙

制限時間
【1時間30分】

第1問採点

第1問（12点）

ア	イ	ウ	エ	オ	カ

第2問採点

第2問（24点）

	借 方 科 目	金 額	貸 方 科 目	金 額
1				
2				
3				
4				
5				
6				

第3問採点

第3問（16点）

仕　掛　品

前 月 繰 越	（　　　　　）	製　　　　　品	（　　　　　）
材　　　　　料	（　　　　　）	副　産　物	25,400
諸　　　　　口	（　　　　　）	次 月 繰 越	（　　　　　）
	（　　　　　）		（　　　　　）
前 月 繰 越	（　　　　　）		

当月の製品1個当たりの原価	@￥

第4問採点

第4問（48点）

材　　　料

前 月 繰 越	（　　　　　）	仕　　掛　　品	（　　　　　）
（　　　　　）	（　　　　　）	製 造 間 接 費	（　　　　　）
		製 造 間 接 費	（　　　　　）
		（　　　　　）	（　　　　　）
		次 月 繰 越	（　　　　　）
	（　　　　　）		（　　　　　）
前 月 繰 越	（　　　　　）		

賃　金　給　料

諸　　　　　口	（　　　　　）	前 月 繰 越	（　　　　　）
次 月 繰 越	（　　　　　）	仕　　掛　　品	（　　　　　）
		製 造 間 接 費	（　　　　　）
		（　　　　　）	（　　　　　）
		製 造 間 接 費	（　　　　　）
	（　　　　　）		（　　　　　）
		前 月 繰 越	（　　　　　）

製 造 間 接 費

材　　　　　料	（　　　　　）	仕　掛　品	（　　　　　）
賃　金　給　料	（　　　　　）	（　　　　　）	（　　　　　）
材　　　　　料	（　　　　　）		
（　　　　　）	（　　　　　）		
賃　金　給　料	（　　　　　）		
諸　　　　　口	（　　　　　）		
	（　　　　　）		（　　　　　）

仕 掛 品

前　月　繰　越	（　　　　　）	仕　掛　品	（　　　　　）
材　　　　　料	（　　　　　）	（　　　　　）	（　　　　　）
賃　金　給　料	（　　　　　）	製　　　　　品	（　　　　　）
製　造　間　接　費	（　　　　　）	次 月 繰 越	（　　　　　）
（　　　　　）	（　　　　　）		
	（　　　　　）		（　　　　　）
前　月　繰　越	（　　　　　）		

製 品

仕　掛　品	（　　　　　）	（　　　　　）	（　　　　　）
		次 月 繰 越	（　　　　　）
	（　　　　　）		（　　　　　）
前　月　繰　越	（　　　　　）		

売 上 原 価

製　　　　　品	（　　　　　）	（　　　　　）	（　　　　　）

売 上

月　次　損　益	（　　　　　）	売　掛　金	（　　　　　）

原 価 計 算 表　　　　　　　　　　（単位：円）

摘要＼指図書#	＃101	＃102	＃103	＃101-R1	合　計
月 初 仕 掛 品 原 価					
直 接 材 料 費					
直 接 労 務 費					
製 造 間 接 費					
小　　　計					
補　修　費					
合　　　計					
作 業 く ず 評 価 額					
差　引　計					
備　　　考	完　成	完　成	仕 掛 中	＃101へ賦課	

受験番号

解答は，すべて解答用紙に記入して必ず提出してください。

第212回簿記能力検定試験
問題用紙

1級　原価計算・工業簿記

(令和5年11月26日施行)

問題用紙（計算用紙含）は回収します。持ち帰り厳禁です。

注　　意

- ・試験開始の合図があるまで，問題用紙は開かないでください。
- ・この試験の制限時間は1時間30分です。
- ・解答は，問題の指示にしたがい，すべて解答用紙の指定の位置に記入してください。
- ・解答用紙の会場コードは，試験担当者が指示した6桁の数字を頭の0（ゼロ）を含めてすべて書いてください。
  受験番号は右寄せで書いてください。左の空白欄への0（ゼロ）記入は不要です。
  受験番号1番の場合，右寄せで1とだけ書いてください。
  受験番号90001番の場合，右寄せで90001とだけ書いてください。
  受験番号を記入していない場合や，氏名を記入した場合には，採点の対象とならない場合があります。
- ・印刷の汚れや乱丁，筆記用具の不具合などで必要のある場合は，手をあげて試験担当者に合図をしてください。
- ・下敷きは，机の不良などで特に許されたもの以外は使用してはいけません。
- ・計算用具(そろばん・計算機能のみの電卓など)を使用してもかまいません。
- ・解答用紙は，持ち帰りできませんので白紙の場合でも必ず提出してください。
  解答用紙を持ち帰った場合は失格となり，以後の受験をお断りする場合があります。
- ・簿記上本来赤で記入する箇所も黒で記入すること。
- ・解答は，必ず解答用紙に記入してください。
- ・金額には3位ごとのカンマ「，」を記入すること。
  ただし，位取りのけい線のある解答用紙にはカンマを記入しないこと。
  また，カンマ「，」（数字の下側に左向き）と小数点「．」は明確に区別できるようにすること。

主　催　公益社団法人　全国経理教育協会
後　援　文　部　科　学　省
　　　　日　本　簿　記　学　会

第212回簿記能力検定試験問題
1級　原価計算・工業簿記

解答は解答用紙に

第1問　次の工業簿記・原価計算に関する文章（「原価計算基準」に準拠している）の（ア）〜（カ）にあてはまる最も適当な語句を，それぞれに設けた【選択肢】の中から選び，記入しなさい。（12点）

1．今日，原価計算に対して与えられる目的は，単一ではない。すなわち，企業の原価計算制度は，<u>（ア）</u>（【選択肢】：実際の原価，真実の原価）を確定して財務諸表の作成に役立つとともに，原価を分析し，これを<u>（イ）</u>（【選択肢】：経営管理者，利害関係者）に提供し，もって業務計画および原価管理に役立つことが必要とされている。

2．標準原価とは，財貨の消費量を科学的，統計的調査に基づいて<u>（ウ）</u>（【選択肢】：操業の尺度，能率の尺度）となるように予定し，かつ，予定価格又は正常価格をもって計算した原価をいう。

3．<u>（エ）</u>（【選択肢】：補助経営部門，工場管理部門）とは，その事業の目的とする製品の生産に直接関与しないで，自己の製品又は用役を製造部門に提供する諸部門のことである。

4．連産品とは，同一工程において同一原料から生産される<u>（オ）</u>（【選択肢】：同種の製品，異種の製品）であって，相互に主副を明確に区別できないものをいう。

5．個別原価計算において仕損が発生し，もしもその仕損が補修によって回復でき，補修のために補修指図書を発行する場合には，<u>（カ）</u>（【選択肢】：補修指図書，製造指図書）に集計された製造原価を仕損費とする。

第2問　次の取引を仕訳しなさい。ただし，勘定科目は，以下より最も適当なものを選ぶこと。（24点）

現　　　　金	売　　掛　　金	当　座　預　金	普　通　預　金
材　　　　料	賃　金　給　料	仕　　掛　　品	製　　　　品
第1工程仕掛品	第2工程仕掛品	仕　　損　　品	預　　り　　金
外　注　加　工　賃	製　造　間　接　費	第1製造部門費	第2製造部門費
仕　　損　　費	能　率　差　異	本　　　　社	工　　　　場

1．下記データから，外注加工賃の当月消費額を計算し，製造指図書＃908に賦課した。

　　　前月末未払額：¥53,000　　当月支払額：¥987,000　　当月末前払額：¥42,000

2．補修指図書＃2-Rに集計された補修費は¥163,000であり，これを仕損費として処理した。

3．工程別総合原価計算において，第1工程で27,000個（＠¥360）の製品の製造が完了したので，そのすべてを第2工程に引き渡した。

4．部門別計算において，各製造部門費の各製造指図書への予定配賦額を計上した。なお，各製造部門の配賦基準は，直接作業時間を採用している。

　　　第1製造部門費：予定配賦率　＠¥970　　実際直接作業時間　2,850時間
　　　第2製造部門費：予定配賦率　＠¥920　　実際直接作業時間　2,140時間

5．標準原価計算制度を採用している全経製作所では，仕掛品勘定の借方に製造間接費の実際発生額を記帳している。当月の下記データに基づいて能率差異を計上した。なお，能率差異は変動費と固定費両方から生じるものとする。

　　　標準配賦率：¥1,200／時間　　実際直接作業時間：888時間　　標準直接作業時間：870時間

6．全経製作所の本社は，工場従業員の当月分の給与¥7,480,000から所得税と社会保険料の預り分¥748,000を控除した残額を当座預金口座から各従業員の普通預金口座に振り込んだ。工場会計が本社会計より独立している場合の工場側の仕訳を示しなさい。

第3問　製品の製造原価計算と帳簿組織に直接原価計算を採用している全経製作所の次の資料にもとづいて，当月の月次損益勘定への記入を行いなさい。（20点）

1．製品の生産・販売データ

　　当月生産・完成数量：2,000個　　当月販売数量：1,800個（販売単価：￥2,100）

　なお，仕掛品および製品に前月繰越はなかった。

2．当月発生した原価要素の内訳は，下記のとおりである。

原価要素	変動費部分	固定費部分	合　計　額
直 接 材 料 費	￥874,000	—	￥874,000
間 接 材 料 費	￥280,000	￥ 75,000	￥355,000
直 接 労 務 費	￥653,000	—	￥653,000
間 接 労 務 費	￥371,000	￥259,000	￥630,000
間 接 経 費	￥192,000	￥234,000	￥426,000
販 　 売 　 費	￥ 54,000	￥ 72,800	￥126,800
一 般 管 理 費	—	￥215,200	￥215,200

3．記帳および計算上の注意事項

①　帳簿には，材料，賃金，経費，製造間接費，仕掛品，製品，販売費，一般管理費，売上原価，売上，月次損益，年次損益の諸勘定が設けられている。

②　製造間接費については，製造間接費実際発生額を変動費部分と固定費部分とに分けてから，それぞれの合計額について振替処理を行う。

③　販売費と一般管理費については，別々に振替処理を行う。なお，販売費については，まず変動費部分を振り替えてから固定費部分を振り替える。

第4問　全経酒造株式会社は，組別総合原価計算を採用し，日本酒（A組）と焼酎（B組）の2種類の製品を製造している。また，日本酒製造時には酒粕が副産物として分離される。下記の資料を参照して，各勘定に記入するとともに原価計算表を作成しなさい。（44点）

資　　　料

　a．月初勘定残高（一部）

　　　材　　　料　　　￥624,800

　　　A組仕掛品　　　￥430,100（うち直接材料費：￥226,400，加工費：￥203,700）

　　　B組仕掛品　　　￥240,000（うち直接材料費：￥131,600，加工費：￥108,400）

　　　A 組 製 品　　　￥528,000（600個）

　　　B 組 製 品　　　￥363,000（500個）

　b．未払賃金給料勘定に，月初未払高￥379,500がある（賃金給料勘定に再振替えを行う）。

　c．前払経費勘定に，月初前払高￥81,000がある（経費勘定に再振替えを行う）。

　d．材料はすべて製造着手のとき投入し，加工費は製造の進行につれて消費する。

　e．A組製品の製造工程の終点において，副産物が分離される。

　f．月末仕掛品の評価は先入先出法により，売上原価の計算は平均法による。

取　　　　引

1．材料¥4,369,200を掛けで購入し，引取運賃¥47,800は現金で支払った。

2．材料の消費高の内訳は，次のとおりであった。なお，当月末の材料帳簿棚卸高は¥483,300であり，棚卸減耗はなかった。

A　　組	B　　組	組間接費
¥2,361,000	¥1,869,000	¥各自推算

3．当月分の賃金¥2,573,800から預り金¥279,400を差し引き，当座預金から各人の預金口座へ振り込んだ。

4．賃金給料の消費高の内訳は，次のとおりであった。なお，賃金の月末未払高¥306,400を未払賃金給料勘定へ振り替える。

A　　組	B　　組	組間接費
¥1,379,200	¥各自推算	¥264,900

5．経費¥475,800を小切手を振り出して支払った。

6．減価償却費の年間見積額は¥1,956,000であり，当月分を経費に計上した。

7．経費の消費高は，組直接費が¥374,200（内訳：A組¥223,700　B組¥150,500）であり，残りが上記の減価償却費を含めて組間接費であった。なお，経費の月末前払高¥96,000を前払経費勘定へ振り替える。

8．組間接費の実際発生高をA組に70％，B組に30％の割合で配賦した。

9．当月の製造状況は，次のとおりであった。

	A　　組	B　　組
月初仕掛品	500個（60％）	400個（25％）
当 月 投 入	5,000	4,200
合　　計	5,500個	4,600個
月末仕掛品	400　（50％）	600　（50％）
副 産 物	100	—
完 成 品	5,000個	4,000個

なお，仕掛品の（　　）内は，仕上り程度をあらわす。

10．上記の副産物の評価額は¥27,500である。

11．当月のA組製品の販売状況は，次のとおりであり，すべて掛け販売であった。なお，A組製品の販売時に売上原価も計上する。

　　　　販　売　量　　　4,800個　　　　売　価　　　@¥1,180

12．当月のB組製品の販売状況は，次のとおりであり，すべて掛け販売であった。なお，B組製品の販売時に売上原価も計上する。

　　　　販　売　量　　　3,700個　　　　売　価　　　@¥1,030

※氏名は記入しないこと。

会場コード

受験番号

第212回簿記能力検定試験
1級 原価計算・工業簿記 解答用紙

【禁無断転載】

得 点
点

制限時間
【1時間30分】

第1問採点

第1問 (12点)

(ア)	(イ)	(ウ)
(エ)	(オ)	(カ)

第2問採点

第2問 (24点)

	借 方 科 目	金 額	貸 方 科 目	金 額
1				
2				
3				
4				
5				
6				

第3問（20点）

月　次　損　益

売 上 原 価	（　　　　）	売　　　　上	（　　　　）
販　売　費	（　　　　）		
製 造 間 接 費	（　　　　）		
販　売　費	（　　　　）		
一 般 管 理 費	（　　　　）		
年 次 損 益	（　　　　）		
	（　　　　）		（　　　　）

第4問（44点）

材　　　　料

前 月 繰 越	（　　　　）	（　　　　　　）	（　　　　）
買　掛　金	（　　　　）	B 組 仕 掛 品	（　　　　）
（　　　　　）	（　　　　）	組 間 接 費	（　　　　）
		次 月 繰 越	（　　　　）
	（　　　　）		（　　　　）
前 月 繰 越	（　　　　）		

賃　金　給　料

（　　　　　　）	（　　　　）	未 払 賃 金 給 料	（　　　　）
預　り　金	（　　　　）	A 組 仕 掛 品	（　　　　）
未 払 賃 金 給 料	（　　　　）	（　　　　　）	（　　　　）
		組 間 接 費	（　　　　）
	（　　　　）		（　　　　）

経　　　　費

前 払 経 費	（　　　　）	A 組 仕 掛 品	（　　　　）
当 座 預 金	（　　　　）	B 組 仕 掛 品	（　　　　）
（　　　　　）	（　　　　）	（　　　　　）	（　　　　）
		前 払 経 費	（　　　　）
	（　　　　）		（　　　　）

組　間　接　費

材　　　　　料	（　　　　　）	A 組 仕 掛 品	（　　　　　）
賃 金 給 料	（　　　　　）	B 組 仕 掛 品	（　　　　　）
経　　　　　費	（　　　　　）		
	（　　　　　）		（　　　　　）

A　組　仕　掛　品

前 月 繰 越	（　　　　　）	A 組 製 品	（　　　　　）
材　　　　　料	（　　　　　）	（　　　　　）	（　　　　　）
賃 金 給 料	（　　　　　）	次 月 繰 越	（　　　　　）
経　　　　　費	（　　　　　）		
組 間 接 費	（　　　　　）		
	（　　　　　）		（　　　　　）
前 月 繰 越	（　　　　　）		

A　組　製　品

前 月 繰 越	（　　　　　）	売 上 原 価	（　　　　　）
（　　　　　）	（　　　　　）	次 月 繰 越	（　　　　　）
	（　　　　　）		（　　　　　）
前 月 繰 越	（　　　　　）		

B　組　仕　掛　品

前 月 繰 越	（　　　　　）	（　　　　　）	（　　　　　）
材　　　　　料	（　　　　　）	次 月 繰 越	（　　　　　）
賃 金 給 料	（　　　　　）		
経　　　　　費	（　　　　　）		
組 間 接 費	（　　　　　）		
	（　　　　　）		（　　　　　）
前 月 繰 越	（　　　　　）		

B　組　製　品

前 月 繰 越	（　　　　　）	売 上 原 価	（　　　　　）
B 組 仕 掛 品	（　　　　　）	次 月 繰 越	（　　　　　）
	（　　　　　）		（　　　　　）
前 月 繰 越	（　　　　　）		

A組原価計算表

摘　　要	金	額
月 初 仕 掛 品		
直 接 材 料 費	(　　　　　　　)	
加 　工 　費	(　　　　　　　)	(　　　　　　　　)
当 月 製 造 費 用		
組 　直 　接 　費		
直 接 材 料 費	(　　　　　　　)	
直 接 労 務 費	(　　　　　　　)	
直 接 経 費	(　　　　　　　)	
組間接費配賦額	(　　　　　　　)	(　　　　　　　　)
合 　　　　　 計		(　　　　　　　　)
月 末 仕 掛 品		
直 接 材 料 費	(　　　　　　　)	
加 　工 　費	(　　　　　　　)	(　　　　　　　　)
副 産 物 評 価 額		(　　　　　　　　)
完 成 品 原 価		(　　　　　　　　)
完 成 品 数 量		(　　　　　　個)
単 位 原 価		(@￥　　　　　　)

B組原価計算表

摘　　要	金	額
月 初 仕 掛 品		
直 接 材 料 費	(　　　　　　　)	
加 　工 　費	(　　　　　　　)	(　　　　　　　　)
当 月 製 造 費 用		
組 　直 　接 　費		
直 接 材 料 費	(　　　　　　　)	
直 接 労 務 費	(　　　　　　　)	
直 接 経 費	(　　　　　　　)	
組間接費配賦額	(　　　　　　　)	(　　　　　　　　)
合 　　　　　 計		(　　　　　　　　)
月 末 仕 掛 品		
直 接 材 料 費	(　　　　　　　)	
加 　工 　費	(　　　　　　　)	(　　　　　　　　)
完 成 品 原 価		(　　　　　　　　)
完 成 品 数 量		(　　　　　　個)
単 位 原 価		(@￥　　　　　　)

受験番号

解答は，すべて解答用紙に記入して必ず提出してください。

第213回簿記能力検定試験
問題用紙

1級　原価計算・工業簿記

（令和6年2月18日施行）

問題用紙（計算用紙含）は回収します。持ち帰り厳禁です。

注　意

- ・試験開始の合図があるまで，問題用紙は開かないでください。
- ・この試験の制限時間は1時間30分です。
- ・解答は，問題の指示にしたがい，すべて解答用紙の指定の位置に記入してください。
- ・解答用紙の会場コードは，試験担当者が指示した6桁の数字を頭の0（ゼロ）を含めてすべて書いてください。
  受験番号は右寄せで書いてください。左の空白欄への0（ゼロ）記入は不要です。
  受験番号1番の場合，右寄せで1とだけ書いてください。
  受験番号90001番の場合，右寄せで90001とだけ書いてください。
  受験番号を記入していない場合や，氏名を記入した場合には，採点の対象とならない場合があります。
- ・印刷の汚れや乱丁，筆記用具の不具合などで必要のある場合は，手をあげて試験担当者に合図をしてください。
- ・下敷きは，机の不良などで特に許されたもの以外は使用してはいけません。
- ・計算用具(そろばん・計算機能のみの電卓など)を使用してもかまいません。
- ・解答用紙は，持ち帰りできませんので白紙の場合でも必ず提出してください。
  解答用紙を持ち帰った場合は失格となり，以後の受験をお断りする場合があります。
- ・簿記上本来赤で記入する箇所も黒で記入すること。
- ・解答は，必ず解答用紙に記入してください。
- ・金額には3位ごとのカンマ「，」を記入すること。
  ただし，位取りのけい線のある解答用紙にはカンマを記入しないこと。
  また，カンマ「，」（数字の下側に左向き）と小数点「．」は明確に区別できるようにすること。

主　催　　公益社団法人　全国経理教育協会

後　援　　文　部　科　学　省
　　　　　日　本　簿　記　学　会

第213回簿記能力検定試験問題
1級　原価計算・工業簿記

解答は解答用紙に

第1問　次の工業簿記・原価計算に関する文章（「原価計算基準」に準拠している）の（ア）～（カ）にあてはまる最も適当な語句を、それぞれに設けた【選択肢】の中から選び、記入しなさい。（12点）

1．原価とは、経営において作り出された一定の給付に転嫁される価値であるが、ここでの給付とは、製品や仕掛品、（ア）（【選択肢】：半製品，副産物）または部門を指し、原価計算対象とも呼ばれる。

2．原価部門とは、原価の発生を機能別、責任区分別に管理するとともに、製品原価の計算を正確にするために、原価要素を分類集計する計算組織上の区分をいい、これを諸製造部門と諸（イ）（【選択肢】：補助部門，工場管理部門）とに分ける。

3．費目別計算においては、原価要素を、原則として（ウ）（【選択肢】：機能別，形態別）分類を基礎とし、これを直接費と間接費とに大別する。

4．同一工程において同一原料から生産される異種の製品であって、相互に主副を明確に区別できないものを、（エ）（【選択肢】：組製品，連産品）という。

5．製造過程において発生した仕損が補修によって回復できない場合、旧製造指図書の一部が仕損となったときは（オ）（【選択肢】：旧製造指図書，新製造指図書）に集計された製造原価を仕損費とする。

6．標準原価の主要な目的として効率的な原価管理が挙げられるが、それに加え、勘定組織の中に組み込まれ、（カ）（【選択肢】：記帳の簡略化・迅速化，正確な販売予測）に役立てられることも重要な目的の1つである。

第2問　次の取引を仕訳しなさい。ただし、勘定科目は、次の中から最も適当なものを選ぶこと。（24点）

副産物	売上	預り金	本社
材料	売上原価	第1工程仕掛品	賃金給料
仕損品	工場消耗品	仕掛品	第2工程仕掛品
製造間接費	作業くず	工場	当座預金
売掛金	製品	未払賃金給料	仕損費

1．主要材料の消費額を直接材料費として計上した。なお、実際消費量は2,200kgであり、消費価格の計算は先入先出法による。

月初棚卸高　520kg　@¥660　　当月購入高　2,400kg　@¥680

2．棚卸計算法によって、工場消耗品の当月消費額を間接材料費として計上した。工場消耗品に関するデータは下記の通りである。

月初棚卸高　¥113,000　　当月購入高　¥1,233,000　　月末棚卸高　¥146,000

3．工場従業員の給与について、本日、当座預金口座から各人の普通預金口座に振り込んで支給した。総支給額は¥3,143,000であり、社会保険料及び所得税等の控除額は¥403,000であった。

4．工程別総合原価計算において、最終工程である第2工程の終点で主産物と副産物が分離された。主産物の完成品総合原価は¥3,195,000であり、副産物の評価額は¥93,000であった。

5．A社は個別原価計算制度を採用している。本日、製造指図書＃101が全部仕損となり、新たに代品を製造するために製造指図書＃101-1を発行した。製造指図書＃101に集計された製造原価は¥562,000であり、ここから仕損品の見積売却価額¥43,000を控除し仕損品に振り替えるとともに、残額を仕損費とした。

6．X社の本社は得意先に販売した製品が、相手方の要求を満たしておらず、返品を受け入れることとなった。同製品は掛け販売価額¥348,000であり、製造原価は¥210,000であった。返品後は工場の倉庫に引き取られることとなり、同社の製品勘定は工場に設けられている。工場会計が本社より独立している場合の工場側の仕訳を示しなさい。

第3問　次の資料にもとづいて，連産品原価計算表を完成し，X製品勘定を完成しなさい。なお，仕掛品勘定で全体の完成品総合原価（連結原価）を計算したあと，あん分している。（16点）

1．当月製造費用　　材　料　費：¥1,635,000　　賃金給料：¥1,429,000　　経　　　費：¥　662,000
2．仕掛品棚卸高　　月初棚卸高：¥　518,000　　月末棚卸高：¥　668,000
3．等価係数は，各製品の正常市価による（X製品の等価係数を1とすること）。
4．各製品の正常市価と数量

製　品	正常市価	当月完成数量	月初棚卸数量	月末棚卸数量	当月販売数量
X製品	@¥　400	3,500kg	500kg	400kg	3,600kg
Y製品	@¥1,600	1,200kg	300kg	250kg	1,250kg
Z製品	@¥1,200	2,200kg	450kg	560kg	2,090kg

5．X製品の月初有高は¥128,000であった。
6．製品の払出単価の計算は，平均法による。

第4問　N工業株式会社は第1工程，第2工程の2つの工程を経て汎用的な機械部品を大量生産しており，同社は工程別総合原価計算を採用している。下記の資料を参照し，各勘定の記入及び工程別原価計算表を作成しなさい。（48点）

<u>資　　　料</u>
1．材料は第1工程始点ですべて投入され，加工費は製造の進行とともに消費される。
2．製造工程は第1工程，第2工程の2つにより構成され，第1工程完了品のうち一部を外部へ販売する目的で倉庫に保管し，残りはただちに第2工程に投入される。
3．第2工程の終点で副産物が分離される。
4．製品及び半製品の払出単価は先入先出法によって計算する。
5．製品，半製品，副産物，仕掛品の月初有高は下記の通りであった。

　　　製　　品　　　　800個　　　@¥760
　　　半　製　品　　　150個　　　@¥400
　　　副　産　物　　　 60個　　　@¥150

	第1工程	第2工程
仕　掛　品	1,200個（50%）　直接材料費　¥258,000	800個（50%）　前工程費　¥324,000
	加　工　費　¥108,000	加　工　費　¥132,000

　　　仕掛品の（　）内は仕上り程度を意味する。

6．製品，半製品，副産物，仕掛品の月末有高は下記の通りであった。

　　　製　　品　　　1,000個
　　　半　製　品　　　100個
　　　副　産　物　　　 80個

	第1工程	第2工程
仕　掛　品	1,600個（50%）	1,000個（60%）

　　　仕掛品の（　）内は仕上り程度を意味する。

7．月末仕掛品の評価は，第1工程が平均法，第2工程が先入先出法によっている。

取　　引

1．第1工程で材料4,800個を消費した。材料払出高の計算は総平均法によっている。

月初棚卸高　800個　@￥218　　当月仕入高　5,600個　@￥226

2．賃金を加工費として次の通り消費した。

月初未払高　￥182,000　　当月支払高　￥1,497,000　　月末未払高　￥194,000

第1工程の消費高は￥611,200であり，第2工程の消費高は各自計算すること。

3．経費を加工費として次の通り消費した。

月初前払高　￥54,200　　当月支払高　￥563,100　　月末前払高　￥51,100

減価償却費の当月計上額　￥84,000

第2工程の消費高は￥397,000であり，第1工程の消費高は各自計算すること。

4．第1工程完了品のうち500個を倉庫に保管し，残りの3,900個はただちに第2工程に引き渡した。

5．第2工程で製品3,500個が完成した。その際，第2工程の終点において副産物200個が分離された。なお，副産物の評価額は￥31,600である。

6．製品3,300個を@￥1,480で販売し，代金は掛けとした。同時に製品の売上原価も計上する。

7．半製品550個を@￥780で販売し，代金は掛けとした。同時に半製品の売上原価も計上する。

8．副産物180個を￥48,000で販売し，代金は現金で受け取った。なお，販売した副産物の売上原価は￥27,960であり，これも同時に計上する。

9．費用の諸勘定を月次損益勘定に振り替えた。

※氏名は記入しないこと。

会場コード

受験番号

第213回簿記能力検定試験
1級 原価計算・工業簿記 解答用紙

【禁無断転載】

得 点
点

制限時間
【1時間30分】

第1問採点

第1問（12点）

（ア）	（イ）	（ウ）
（エ）	（オ）	（カ）

第2問採点

第2問（24点）

	借 方 科 目	金 額	貸 方 科 目	金 額
1				
2				
3				
4				
5				
6				

第3問採点

第3問（16点）

連産品原価計算表

製品名	正常市価	等価係数	生産量	積数	あん分原価	単位原価
X製品	@¥	1	kg		¥	@¥
Y製品	@¥		kg		¥	@¥
Z製品	@¥		kg		¥	@¥
					¥	

X　製　品

借　　　方	金　　額	貸　　　方	金　　額
前 月 繰 越	128,000	（　　　　　）	（　　　）
（　　　　　）	（　　　）	次 月 繰 越	（　　　）
	（　　　）		（　　　）
前 月 繰 越	（　　　）		

第4問採点

第4問（48点）

第 1 工 程 仕 掛 品

前 月 繰 越	（　　　）	（　　　　　）	（　　　）
材　　　料	（　　　）	半 製 品	（　　　）
（　　　　）	（　　　）	次 月 繰 越	（　　　）
経　　　費	（　　　）		
	（　　　）		（　　　）
前 月 繰 越	（　　　）		

第 2 工 程 仕 掛 品

前 月 繰 越	（　　　）	製　　　品	（　　　）
賃　　　金	（　　　）	（　　　　　）	（　　　）
（　　　　）	（　　　）	次 月 繰 越	（　　　）
第1工程仕掛品	（　　　）		
	（　　　）		（　　　）
前 月 繰 越	（　　　）		

製　　　　　品

前　月　繰　越	（　　　　　）	（　　　　　）	（　　　　　）
（　　　　　）	（　　　　　）	次　月　繰　越	（　　　　　）
	（　　　　　）		（　　　　　）
前　月　繰　越	（　　　　　）		

半　　製　　品

前　月　繰　越	（　　　　　）	（　　　　　）	（　　　　　）
（　　　　　）	（　　　　　）	次　月　繰　越	（　　　　　）
	（　　　　　）		（　　　　　）
前　月　繰　越	（　　　　　）		

副　　産　　物

前　月　繰　越	（　　　　　）	副産物売上原価	（　　　　　）
第2工程仕掛品	（　　　　　）	次　月　繰　越	（　　　　　）
	（　　　　　）		（　　　　　）
前　月　繰　越	（　　　　　）		

売　上　原　価

製　　　　　品	（　　　　　）	（　　　　　）	（　　　　　）

半製品売上原価

（　　　　　）	（　　　　　）	月　次　損　益	（　　　　　）

副産物売上原価

副　産　物	（　　　　　）	（　　　　　）	（　　　　　）

工程別原価計算表

摘　　要	第 1 工 程	第 2 工 程	合　　計
当月製造費用			
直 接 材 料 費	(　　　　　　)	(　　　　　　)	(　　　　　　)
加　　工　　費	(　　　　　　)	(　　　　　　)	(　　　　　　)
前 工 程 費	(　　　　　　)	(　　　　　　)	(　　　　　　)
計	(　　　　　　)	(　　　　　　)	(　　　　　　)
月初仕掛品原価			
直 接 材 料 費	(　　　　　　)	(　　　　　　)	(　　　　　　)
加　　工　　費	(　　　　　　)	(　　　　　　)	(　　　　　　)
前 工 程 費	(　　　　　　)	(　　　　　　)	(　　　　　　)
計	(　　　　　　)	(　　　　　　)	(　　　　　　)
月末仕掛品原価			
直 接 材 料 費	(　　　　　　)	(　　　　　　)	(　　　　　　)
加　　工　　費	(　　　　　　)	(　　　　　　)	(　　　　　　)
前 工 程 費	(　　　　　　)	(　　　　　　)	(　　　　　　)
副 産 物 評 価 額	(　　　　　　)	(　　　　　　)	(　　　　　　)
工 程 完 成 品 原 価	(　　　　　　)	(　　　　　　)	(　　　　　　)
工 程 完 成 品 数 量	(　　　　　)個	(　　　　　)個	―
工 程 完 成 品 単 価	(@　　　　　)	(@　　　　　)	―
次 工 程 振 替 額	(　　　　　　)	―	―

簿記能力検定試験

標 準 解 答・解 説

公益社団法人　全国経理教育協会

※氏名は記入しないこと。

| 会場コード |
| 受験番号 |

【禁無断転載】

第206回簿記能力検定試験

1級　原価計算・工業簿記 解　答

得　点

点

制限時間
【1時間30分】

第1問（12点）

@2点×6＝12点

（ア）	（イ）	（ウ）
真実の原価	経営管理者	機能別分類
（エ）	（オ）	（カ）
間接労務費	非原価項目	期間生産量

第2問（24点）

@4点×6＝24点

	借　方　科　目	金　　額	貸　方　科　目	金　　額
1	仕　　掛　　品	821,000	外　注　加　工　賃	821,000
2	第　1　製　造　部　門　費	23,400	製造部門費配賦差異	23,400
3	仕　　掛　　品 製　造　間　接　費	2,927,400 405,900	賃　金　給　料	3,333,300
4	製　造　間　接　費	84,000	材　　　　　　料	84,000
5	能　率　差　異	37,500	仕　　掛　　品	37,500
6	本　　　　社	2,540,000	A　組　製　品 B　組　製　品	1,560,000 980,000

第3問（20点）　　　　　　　　　　　　　　　　　　　　　　　　　●印＠4点×5＝20点

損益計算書（直接原価計算）　　　　　（単位：円）

Ⅰ	売　上　高	(	40,000,000)
Ⅱ	変　動　売　上　原　価	(●	12,000,000)
	製　造　マ　ー　ジ　ン	(	28,000,000)
Ⅲ	変　動　販　売　費	(	4,800,000)
	貢　献　利　益	(●	23,200,000)
Ⅳ	固　　　定　　　費	(	15,776,000)
	営　業　利　益	(●	7,424,000)

損 益 分 岐 点 に お け る 販 売 数 量	●	5,440　個
当月損益計算書に対する安全余裕率（安全率）	●	32　％

第4問（44点）　　　　　　　　　　　　　　　　　　　　　　　　●印＠4点×11＝44点

第 1 工 程 仕 掛 品

前 月 繰 越	(	212,460)	(第2工程仕掛品)	(	6,300,000)●
材　　　料	(●	4,416,000)	半　製　品	(	560,000)
賃　　　金	(	1,683,000)	**次 月 繰 越**	(	**115,840)**
（経　　　費）	(	664,380)			
	(	6,975,840)		(	6,975,840)
前 月 繰 越	(	115,840)			

第 2 工 程 仕 掛 品

前 月 繰 越	(	483,900)	製　　　　品	(	8,740,000)
●（賃　　　金）	(	1,122,000)	**次 月 繰 越**	(	**326,000)**
経　　　費	(	971,000)			
第1工程仕掛品	(	6,300,000)			
材　　　料	(	189,100)			
	(	9,066,000)		(	9,066,000)
前 月 繰 越	(	326,000)			

製　　　　品

前 月 繰 越	（　　　465,000）	（売 上 原 価）	（　　8,635,000）
（第2工程仕掛品）	（　　8,740,000）	次 月 繰 越	（● 570,000）
	（　　9,205,000）		（　　9,205,000）
前 月 繰 越	（　　　570,000）		

半　　製　　品

前 月 繰 越	（　　　144,000）	（半製品売上原価）	（　　　529,000）
（第1工程仕掛品）	（　　　560,000）	次 月 繰 越	（　　175,000）
	（　　　704,000）		（　　　704,000）
前 月 繰 越	（● 175,000）		

売　上　原　価

製　　　　品	（　　8,635,000）	（月 次 損 益）	（　　8,635,000）

半 製 品 売 上 原 価

半　　製　　品	（　　　529,000）	（月 次 損 益）	（　　　529,000）

売　　　　上

月 次 損 益	（　　15,925,000）	売 掛 金	（　　15,925,000）

半 製 品 売 上

月 次 損 益	（　　　952,500）	（現　　　金）	（　　952,500）●

工程別原価計算表　　　　　　　　　　（単位：円）

摘　　要	第 1 工 程	第 2 工 程	合　　計
当月製造費用			
直 接 材 料 費	（　　　4,416,000）	（●　　　189,100）	（　　　4,605,100）
加　工　費	（　　　2,347,380）	（　　　2,093,000）	（　　　4,440,380）
前 工 程 費	（　　　—　　　）	（　　　6,300,000）	（　　　6,300,000）
計	（　　　6,763,380）	（　　　8,582,100）	（　　15,345,480）
月初仕掛品原価			
直 接 材 料 費	（　　　168,000）	（　　　—　　　）	（　　　168,000）
加　工　費	（　　　44,460）	（　　　68,100）	（　　　112,560）
前 工 程 費	（　　　—　　　）	（　　　415,800）	（　　　415,800）
計	（●　　6,975,840）	（　　　9,066,000）	（　　16,041,840）
月末仕掛品原価			
直 接 材 料 費	（　　　91,680）	（　　　—　　　）	（　　　91,680）
加　工　費	（　　　24,160）	（●　　　46,000）	（　　　70,160）
前 工 程 費	（　　　—　　　）	（　　　280,000）	（　　　280,000）
工程完成品原価	（　　　6,860,000）	（　　　8,740,000）	（　　15,600,000）
工程完成品数量	（　　　9,800）個	（　　　9,200）個	—
工程完成品単価	（@　●　　700）	（@　　　950）	—
次工程振替額	（　　　6,300,000）	—	—

当月の売上総利益	●　　7,713,500 円

第1問

　　従来通り「原価計算基準」の内容からの出題ですが，今まで出題されてこなかった箇所からも出題しました。受験生は決して勘に頼った解答をせず，よく吟味して解答をしてほしいものです。また，単に「原価計算基準」を丸暗記するのではなく，基本概念を中心に理解してほしいものです。

１．「原価計算基準」の冒頭「原価計算基準の設定について」からの出題です。原価計算制度の目的について理解してください。

２．「原価計算基準」八の（二）からの出題です。機能別分類の定義をよく確認してください。

３．「原価計算基準」五および十からの出題です。退職金という共通ワードで原価の分類の理解を問いました。非原価項目の意味も理解してください。

４．「原価計算基準」二四からの出題です。総合原価計算における原価集計単位を確認してください。

第2問

　　製造業における仕訳の問題です。今回は新傾向問題を半分ほど出題しました。残りはすべて最近の過去問題を参考に出題してあります。

１．直接経費である外注加工賃に関する問題です。消費額は¥954,000－¥62,000－¥71,000＝¥821,000となります。前払と未払が混在していることに注意してください。直接経費なので，仕掛品勘定へ振り替えます。

２．原価の部門別計算において，予定配賦を行っている場合の差異の計上に関する問題です。第1製造部門費勘定から各仕掛品勘定へ予定配賦額を振り替えたあと，実際発生額が第1製造部門費勘定の借方に集計される訳ですが，予定配賦額と実際発生額との差額を製造部門費配賦差異勘定に振り替えます。本問では，¥23,400の有利差異（貸方差異）となります。

３．労務費の予定賃率による消費額の振替関係を理解しているかを問う問題です。基本的な仕訳問題と考えられます。手待時間は間接労務費の扱いになることに注意してください。本問での間接労務費は，¥820×（406＋89）時間＝¥405,900となります。

４．棚卸減耗費に関する仕訳問題を初めて出題しました。月初在庫量と当月購入量の単位原価が同じなので，平均法等を適用する必要はありません。月末帳簿棚卸数量は150kg＋3,600kg－3,580kg＝170kgとなります。月末実地棚卸数量163kgとの差額7kgが棚卸減耗となります。よって，¥12,000×7kg＝¥84,000が棚卸減耗費と計算されます。棚卸減耗費勘定は用いていないので，材料勘定から製造間接費勘定に振り替えることになります。

５．標準原価差異のうち，能率差異の計上に関する問題です。近年は未出題の単元です。能率差異は異なる計算方法もありますが，今回は最もポピュラーである変動費と固定費双方から生じる場合を出題しました。標準直接作業時間と実際直接作業時間との差に標準配賦率を乗じて計算します。すなわち，（960時間－985時間）×¥1,500＝¥37,500という不利差異（借方差異）となります。

６．本社工場会計の工場側の仕訳です。工場で完成した製品を工場から直接得意先に発送することで販売する形式です。通常は製品勘定を考えればいいのですが，今回は組別総合原価計算を適用している場合を初めて出題しました。すなわち，製品勘定ではなくA組製品勘定とB組製品勘定に分かれることになります。それ以外は通常の本社工場会計の販売時と同じことになります。

第3問

　　直接原価計算方式の損益計算書の作成と損益分岐点における販売数量及び初出題の安全余裕率（安全率）を計算する問題です。過去にも何度か同様の出題がなされています。

　　製造原価について，費目ごとに変動費部分と固定費部分に分けて示しました。戸惑わずに変動費だけで製造原価を計算できたかがポイントとなります。

《損益計算書上の金額》

- 売上高；@¥5,000×8,000個＝¥40,000,000
- 変動売上原価；

　　まず，1個あたりの変動製造原価を求めます。生産量で割ることに注意してください。

　　¥（7,500,000＋4,500,000＋3,000,000）÷10,000個＝@¥1,500

　　よって変動売上原価は，@¥1,500×8,000個＝¥12,000,000となります。

- 変動製造マージン；¥40,000,000－¥12,000,000＝¥28,000,000
- 変動販売費；@¥600×8,000個＝¥4,800,000
- 貢献利益；¥28,000,000－¥4,800,000＝¥23,200,000
- 固定費；¥5,670,000＋¥3,290,000＋¥6,816,000＝¥15,776,000
- 営業利益；¥23,200,000－¥15,776,000＝¥7,424,000

《損益分岐点における販売数量》

　　1個あたり変動原価は¥1,500（変動製造原価）＋¥600（変動販売費）＝¥2,100となります。

　　損益分岐点における販売数量は，固定費を単位あたり貢献利益で除すれば計算できます。1個あたり貢献利益は¥5,000－¥2,100＝¥2,900であり，固定費合計は¥15,776,000なので，損益分岐点における販売数量は，¥15,776,000÷¥2,900＝5,440個と計算できます。

《安全余裕率》

　　安全余裕率（安全率）は，当月の販売数量が損益分岐点販売数量よりもどの程度離れているのかを表わす指標です。離れていればいるほど（すなわち数値が大きいほど）営業赤字になる可能性が低く（すなわち安全である状態に）なります。本問の場合，（8,000個－5,440個）÷8,000個×100＝32%と計算できます。なお，この指標は売上高でも計算することができます。

第4問

　　今回は久しぶりに（199回以来）工程別総合原価計算の問題を出題しました。188回に出題されたものとほとんど同じ内容で出題してあります。ポイントは，第2工程の終点で発生する直接材料費の処理と当月の売上総利益の計算でしょうか。

　　原価計算に具体性を持たせるために「アニメキャラクターのミニチュア玩具」という具体的な製品の製造を設定しましたが，完成品はどうしても最後に包装しなければなりません。その費用をどのように処理すればいいかをよく考えてみてください。それが最後に発生する包装用材料費になります。製品完成直前に包装するわけですから，すべて完成品原価とすればよいわけです。逆に言えば，月末仕掛品には無関係な原価ということになります。

　　当月の売上総利益ですが，製品だけではなく半製品の売上と売上原価も考慮する必要があることに注意してください。

◎月初有高の記入および再振替仕訳

　　f，g，hより，製品勘定，半製品勘定，第1工程仕掛品勘定，第2工程仕掛品勘定の前月繰越欄に金額を記入します。

　　原価計算表にも月初分の金額を記入します。

◎取引の仕訳

1．（借）第 1 工 程 仕 掛 品　　4,416,000　　（貸）材　　　　　料　　4,416,000
　　　第1工程における原料の当月消費額の振り替えです。先入先出法なので，700×1,170＋（3,098－700）×1,500＝¥4,416,000と計算します。

2．（借）第 1 工 程 仕 掛 品　　1,683,000　　（貸）賃　　　　　金　　1,683,000
　　　　　第 2 工 程 仕 掛 品　　1,122,000　　　　　賃　　　　　金　　1,122,000
　　　当月賃金消費額の振り替えです。全体の賃金消費額は，¥2,831,000－¥623,000＋¥597,000＝¥2,805,000となります。したがって，第2工程消費額は，¥2,805,000－¥1,683,000＝¥1,122,000と計算できます。別々に振り替える前提で仕訳を示しました。

3．（借）第 1 工 程 仕 掛 品　　664,380　　（貸）経　　　　　費　　664,380
　　　　　第 2 工 程 仕 掛 品　　971,000　　　　　経　　　　　費　　971,000
　　　当月経費消費額の振り替えです。全体の経費消費額は，¥1,395,000＋¥489,580－¥426,200＋¥177,000＝¥1,635,380となります。したがって，第1工程消費額は，¥1,635,380－¥971,000＝¥664,380と計算できます。別々に振り替える前提で仕訳を示しました。

4．（借）第 2 工 程 仕 掛 品　　6,300,000　　（貸）第 1 工 程 仕 掛 品　　6,860,000
　　　　　半　　　製　　　品　　　560,000
　　　第1工程の月末仕掛品原価を平均法で計算すると，次の通りになります。
　① 直接材料費＝（¥168,000＋¥4,416,000）×200個÷（9,800＋200）個＝¥91,680
　　　原料については工程の始点ですべて投入されるため，仕上り程度は無関係です。取引4．より，第1工程完了品は800個＋9,000個＝9,800個と判明します。したがって，第1工程完了品9,800個と月末仕掛品200個に原価配分すればいいことになります。
　② 加工費＝（¥44,460＋¥1,683,000＋¥664,380）×100個÷9,900個＝¥24,160
　　　加工費については仕掛品を完成品に換算する必要があります。
　③ 第1工程月末仕掛品原価＝¥91,680＋¥24,160＝¥115,840
　　　必要な金額を原価計算表に記入すると，第1工程完成品原価が¥6,860,000と計算されます。製造単価は¥6,860,000÷9,800個＝¥700と計算されるので，第2工程に引き渡される分（次工程振替額）が¥700×9,000個＝¥6,300,000，半製品として倉庫に保管される分が¥700×800個＝¥560,000となります。

5．（借）製　　　　　品　　8,740,000　　（貸）第 2 工 程 仕 掛 品　　8,740,000
　　　第2工程の月末仕掛品原価を先入先出法で計算すると，次の通りになります。包装用材料費のことを忘れないよう注意してください。
　　　先入先出法では，当月投入量をきちんと計算する必要があります。前工程費については，第1工程完成品の9,000個が該当します。加工費については，仕掛品を完成品に換算してから計算す

るので，9,100個と計算されます。

① 前工程費＝￥6,300,000×400個÷9,000個＝￥280,000

② 加工費＝（￥1,122,000＋￥971,000）×200個÷9,100個＝￥46,000

③ 第2工程仕掛品原価＝￥280,000＋￥46,000＝￥326,000

　　ここに，第2工程の終点で発生する包装用材料費￥189,100（全額完成品原価になる）が追加されるのと併せて期末仕掛品に関係する金額を原価計算表に記入します。これにより，第2工程完成品原価は￥8,740,000と計算されます。製造単価は￥8,740,000÷9,200個＝￥950と計算されます。

6．（借）売　掛　金　　　15,925,000　　　（貸）売　　　　　　上　　　15,925,000
　　　　　売　上　原　価　　8,635,000　　　　　　製　　　　　　品　　　8,635,000

① 製品の売上高＝￥1,750×9,100個＝￥15,925,000

② 先入先出法による製品の払出高＝前月分￥930×500個＋当月完成分￥950×（9,100個－500個）＝￥8,635,000

③ 製品の月末棚卸高＝￥950×600個＝￥570,000

7．（借）現　　　　　　金　　　952,500　　　（貸）半　製　品　売　上　　952,500
　　　　　半製品売上原価　　　529,000　　　　　　半　　製　　品　　　　529,000

① 半製品の売上高＝￥1,270×750個＝￥952,500

② 先入先出法による半製品の払出高＝前月分￥720×200個＋当月完成分￥700×（750個－200個）＝￥529,000

③ 半製品の月末棚卸高＝￥700×250個＝￥175,000

8．（借）月　次　損　益　　9,164,000　　　（貸）売　上　原　価　　8,635,000
　　　　　　　　　　　　　　　　　　　　　　　　半製品売上原価　　　　529,000
　　（借）売　　　　　　　上　15,925,000　　　（貸）月　次　損　益　16,877,500
　　　　　半　製　品　売　上　　952,500

　　最後に，売上原価と売上に関して月次損益勘定に振り替えます。

第207回簿記能力検定試験
1級 原価計算・工業簿記 解答

制限時間
【1時間30分】

第1問 （12点）

@2点×6＝12点

ア	イ	ウ	エ	オ	カ
×	×	○	○	×	×

第2問 （24点）

@4点×6＝24点

	借 方 科 目	金 額	貸 方 科 目	金 額
1	仕 掛 品 製 造 間 接 費	789,000 249,000	素 材	1,038,000
2	賃 金 給 料	2,345,000	当 座 預 金 預 り 金	1,929,000 416,000
3	第 1 製 造 部 門 費 第 2 製 造 部 門 費	1,726,000 1,719,000	A 補 助 部 門 費 B 補 助 部 門 費	2,320,000 1,125,000
4	仕 掛 品	353,000	外 注 加 工 賃	353,000
5	作 業 く ず	18,000	仕 掛 品	18,000
6	製 品	243,000	本 社	243,000

第3問 （16点）　　　　　　　　　　　　　　　　　●印@4点×4＝16点

製　造　間　接　費

材　　　　料	(625,000)	仕　掛　品	(4,550,000)	
材　　　　料	(24,000)	（製造間接費配賦差異）	(● 41,000)	
賃　金　給　料	(● 2,290,000)			
減価償却累計額	(680,000)			
電　　力　　料	(790,000)			
保　　険　　料	(● 182,000)			
	(● 4,591,000)		(4,591,000)	

第4問 （48点）　　　　　　　　　　　　　　　　　●印@4点×12＝48点

材　　　　料

前　月　繰　越	(463,400)	（仕　　掛　　品）	(3,921,600)
買　　掛　　金	(4,236,000)	加　　工　　費	(● 412,900)
（現　　　　金）	(29,800)	販　　売　　費	(62,700)
		次　月　繰　越	(332,000)
	(4,729,200)		(4,729,200)
前　月　繰　越	(332,000)		

賃　金　給　料

当　座　預　金	(2,168,200)	未払賃金給料	(288,600)
預　　り　　金	(216,400)	加　　工　　費	(1,739,200)
未払賃金給料	(274,700)	（加　　工　　費）	(552,300)
		販　　売　　費	(● 79,200)
	(2,659,300)		(2,659,300)

経　　　　費

前　払　経　費	(112,000)	加　　工　　費	(813,400)
当　座　預　金	(943,800)	（販　　売　　費）	(41,000)
（減価償却累計額）	(108,000)	一　般　管　理　費	(● 217,400)
		前　払　経　費	(92,000)
	(1,163,800)		(1,163,800)

加　工　費

材　　　　　料	(412,900)	仕　掛　品	(3,517,800)
賃　金　給　料	(1,739,200)		
賃　金　給　料	(552,300)		
経　　　　　費	(813,400)		
	(3,517,800)		(3,517,800)

仕　掛　品

前　月　繰　越	(585,200)	X　製　品	(● 4,704,000)
材　　　　　料	(3,921,600)	（Y　製　品）	(3,024,000)
加　工　費	(3,517,800)	次　月　繰　越	(296,600)
	(8,024,600)		(8,024,600)
前　月　繰　越	(296,600)		

総合原価計算表

摘　　要	直接材料費	加　工　費	合　　計
月初仕掛品原価	(421,200)	(164,000)	(585,200)
当月製造費用	(3,921,600)	(3,517,800)	(7,439,400)
合　　計	(4,342,800)	(3,681,800)	(8,024,600)
月末仕掛品原価	(● 206,800)	(89,800)	(296,600)
完成品総合原価	(4,136,000)	(● 3,592,000)	(7,728,000)
完成品単位原価	(@ 1,034)	(@ 898)	(@● 1,932)

等級別原価計算表

製　品	重　量	等価係数	完成品数量	積　数	あん分原価	単位原価
X製品	500 g	1	2,800個	2,800	¥ 4,704,000	@¥ 1,680
Y製品	750 g	1.5	1,200個	1,800	¥ 3,024,000	@¥●2,520
				4,600	¥ 7,728,000	

X　製　品

前　月　繰　越	(584,500)	売　上　原　価	(● 4,918,900)
（仕　掛　品）	(4,704,000)	次　月　繰　越	(369,600)
	(5,288,500)		(5,288,500)
前　月　繰　越	(369,600)		

Y 製 品

前 月 繰 越	(506,800)	(売 上 原 価)	(3,228,400)
仕 掛 品	(3,024,000)	次 月 繰 越	(● 302,400)
	(3,530,800)		(3,530,800)
前 月 繰 越	(302,400)		

販 売 費

材 料	(62,700)	月 次 損 益	(625,400)
賃 金 給 料	(79,200)		
経 費	(41,000)		
(当 座 預 金)	(442,500)		
	(625,400)		(625,400)

一 般 管 理 費

経 費	(217,400)	月 次 損 益	(866,900)
当 座 預 金	(649,500)		
	(866,900)		(866,900)

月 次 損 益 計 算 書

株式会社N製作所　　　令和4年5月1日～5月31日　　　　　（単位：円）

Ⅰ　売 上 高			(13,068,000)
Ⅱ　売 上 原 価			
1．月初製品棚卸高	(1,091,300)		
2．当月製品製造原価	(7,728,000)		
合　　計	(8,819,300)		
3．月末製品棚卸高	(672,000)	(● 8,147,300)	
売 上 総 利 益		(4,920,700)	
Ⅲ　販売費及び一般管理費			
1．販 売 費	(625,400)		
2．一 般 管 理 費	(866,900)	(1,492,300)	
営 業 利 益		(● 3,428,400)	

第1問

　「原価計算基準」の内容に準拠した○×選択問題を出題しました。「原価計算基準」における各種用語の正確な意味や実務上の取り扱いに加え，例外事項に関する記述などについても意識して学習してみてください。

1．原価計算制度の定義に関する問題です。原価計算制度とは，財務会計機構と有機的に結びつき常時継続的に行われる計算体系であり，財務会計のらち外において随時断片的に行われる，原価の統計的，技術的計算ないし調査は含みません。本問は「原価計算基準」二からの出題になります。

2．原価の諸概念における実際原価に関する問題です。実際消費量は経営の正常な状態を前提とするものであり，異常な状態を原因とする異常な消費量は実際消費量とは解さないものとします。本問は「原価計算基準」四（一）からの出題になります。

3．非原価項目に関する問題です。経営目的に関連しない価値の減少は，原価計算制度では原価に算入しません。長期にわたり休止している設備の減価償却費などはこれに該当します。本問は「原価計算基準」五（一）からの出題になります。

4．原価部門の設定に関する問題です。製造部門とは，直接製造作業の行われる部門をいい，機械製作工場における鋳造，鍛造，機械加工，組立等の各部門が含まれます。本問で問うている副産物の加工，包装等を行ういわゆる副経営も製造部門に分類されます。本問は「原価計算基準」一六（一）からの出題になります。

5．連産品の定義に関する問題です。連産品とは，同一工程において同一原料から生産される異種の製品であって，相互に主副が区別できないものをいいます。本問は「原価計算基準」二九からの出題になります。

6．標準原価の改訂に関する問題です標準原価は，原価管理のためにも，予算編成のためにも，また棚卸資産価額および売上原価算定のためにも，現状に即した標準でなければならないから，常にその適否を吟味し，重大な変化が生じた場合には改訂が行われます。本問は「原価計算基準」四二からの出題になります。

第2問

　製造業における仕訳の問題です。すべて過去問題を参考に出題しています。

1．素材を消費した際の仕訳を問うています。特定の製造指図書番号が記載されている場合は仕掛品勘定へ，特定の製造指図書番号が記載されていない場合は製造間接費勘定へ集計します。

2．賃金を支払った際の基本的な仕訳です。預り金の処理が本問の論点になります。

3．補助部門費の配賦を行った際の仕訳です。与えられた割合で2つの補助部門費を配賦します。A補助部門費¥2,320,000は¥1,276,000が第1製造部門費，¥1,044,000が第2製造部門費に集計されます。同様に，B補助部門費¥1,125,000は¥450,000が第1製造部門費，¥675,000が第2製造部門費に集計されます。これらを合計すると，第1製造部門費への集計額が¥1,726,000，第2製造部門費への集計額が¥1,719,000になります。

4．外注加工賃の基本的な計算方法を問うています。当月支払額¥342,000－前月未未払額¥23,000＋当月末未払額¥34,000＝¥353,000になります。外注加工賃は直接経費のため，仕掛品勘定に集

計されます。

5．作業くずの処理を問う仕訳です。評価額￥18,000を仕掛品勘定から控除します。

6．工場会計が本社より独立している場合に返品が発生した際の仕訳です。倉庫は工場側にあるため，製品勘定は工場側に設けられていますが，販売関連の勘定は本社に設けられているため，貸方は本社勘定で処理することになります。

第3問

本問は，完全受注生産に個別原価計算を適用している企業を想定し，製造間接費の予定配賦に関して問うています。予定配賦をどのように勘定記入するかが主要な論点になります。

記帳上は，まず予定配賦額を計算し，この額を仕掛品勘定に振替えることからスタートします。本問における予定配賦額は，直接工賃金当月消費額￥3,250,000×140％＝￥4,550,000になります。

次に製造間接費の各項目について計算を行います。

1．補助材料消費額＝￥123,000＋￥648,000－￥146,000＝￥625,000
2．棚卸減耗費＝帳簿棚卸高￥628,000－実地棚卸高￥604,000＝￥24,000
3．間接工賃金消費額＝￥2,230,000－￥380,000＋￥440,000＝￥2,290,000
4．減価償却費＝年間見積額￥8,160,000／12か月＝￥680,000
5．電力料＝測定額￥790,000（電力量は支払額でなく測定額になることに注意）
6．火災保険料＝￥48,000＋￥192,000－￥58,000＝￥182,000
   以上を合計すると，製造間接費の実際発生額は￥4,591,000になります。

最後に予定配賦額と実際発生額との差額を製造間接費配賦差異勘定に振替えます。
予定配賦額￥4,550,000－実際発生額￥4,591,000＝△￥41,000
これは予定配賦額＜実際発生額なので，不利差異になります。

第4問

本問は，X，Yという2種類の等級製品を製造している企業が等級別総合原価計算を採用している場合の，勘定記入および等級別総合原価計算表，月次損益計算書の作成問題です。

解答にあたっては，まず，材料，仕掛品，X製品，Y製品について，月初の勘定残高の金額を当該勘定の前月繰越の金額欄に記入します。月初仕掛品については，総合原価計算表の月初仕掛品欄にも直接材料費と加工費に分けて記入を行います。

さらに，未払賃金給料，前払経費については設定された金額を賃金給料勘定，経費勘定に再振替します。

取引の順に仕訳・解説を示すと次の通りになります。

1．材料の仕入

（借）材　　　　料　4,265,800　　（貸）買　　掛　　金　4,236,000
　　　　　　　　　　　　　　　　　　　現　　　　　金　　　29,800

引取運賃は材料の取得原価に含まれますが，材料勘定の記入は諸口ではなく，買掛金と現金を個別に転記するような設定になっています。

2．材料の消費

（借）	仕	掛	品	3,921,600	（貸）	材		料	3,921,600
	加	工	費	412,900		材		料	412,900
	販	売	費	62,700		材		料	62,700

3．賃金給料の支給

（借）	賃	金	給	料	2,168,200	（貸）	当 座 預 金	2,168,200
	賃	金	給	料	216,400		預 り 金	216,400

　賃金給料勘定の記入は諸口ではなく，当座預金と預り金を個別に転記するような設定になっています。

4．賃金給料の消費および未払賃金勘定への振替

（借）	加	工	費	1,739,200	（貸）	賃 金 給 料	1,739,200
	加	工	費	552,300		賃 金 給 料	552,300
	販	売	費	79,200		賃 金 給 料	79,200
（借）	賃 金 給 料	274,700	（貸）	未 払 賃 金 給 料	274,700

5．経費の支払い

（借）	経	費	943,800	（貸）	当 座 預 金	943,800

6．減価償却費の計上

（借）	経	費	108,000	（貸）	減 価 償 却 累 計 額	108,000

7．経費の消費および前払経費勘定への振替

（借）	加 工 費	813,400	（貸）	経 費	813,400
	販 売 費	41,000		経 費	41,000
	一 般 管 理 費	217,400		経 費	217,400
（借）	前 払 経 費	92,000	（貸）	経 費	92,000

8．加工費の実際配賦

（借）	仕掛品	3,517,800	（貸）	加工費	3,517,800

9．上記以外の販売費，一般管理費の支払い

（借）	販 売 費	442,500	（貸）	当 座 預 金	442,500
（借）	一 般 管 理 費	649,500	（貸）	当 座 預 金	649,500

10．完成品総合原価と月末仕掛品原価の計算

　　等級別総合原価計算では，まず単純総合原価計算を行います。資料にもある通り，月末仕掛品原価は平均法で計算します。直接材料費は工程の始点ですべて投入されているために，加工進捗度を考慮する必要はありませんが，加工費は製造の進行に応じて消費されるので，加工進捗度を加味する必要があります。

月末仕掛品の金額については以下のように計算します。

①直接材料費 $= (¥421,200 + ¥3,921,600) \times \dfrac{200個}{4,000個 + 200個} = ¥206,800$

②加工費 $= (¥164,000 + ¥3,517,800) \times \dfrac{200個 \times 50\%}{4,000個 + 200個 \times 50\%} = ¥89,800$

この結果にもとづき，総合原価計算表の解答欄を埋めることができます。月末仕掛品原価は¥296,600となり，投入合計額¥8,024,600から控除すると，完成品総合原価¥7,728,000が計算できます。完成品数量4,000個で割ると，単位原価¥1,932が計算できます。

11．等級製品別のあん分計算

次に，上で計算された完成品総合原価を等級製品別にあん分することになります。等価係数は製品の重量を基準とし，500gのX製品を1とするため，750gのY製品は1.5となります。完成品数量はX製品，Y製品がそれぞれ2,800個，1,200個であるため，積数はX製品が2,800，Y製品が1,800となり，この比率で完成品総合原価¥7,728,000をあん分すると以下のようになります。

X製品のあん分原価：$¥7,728,000 \times \dfrac{2,800}{4,600} = ¥4,704,000$

Y製品のあん分原価：$¥7,728,000 \times \dfrac{1,800}{4,600} = ¥3,024,000$

これらの金額を仕掛品勘定からそれぞれの製品勘定へ振り替えます。

(借)	X 製 品	4,704,000	(貸)	仕 掛 品	4,704,000
(借)	Y 製 品	3,024,000	(貸)	仕 掛 品	3,024,000

また，これらのあん分原価をそれぞれの完成品数量で割れば完成品単位原価を計算することができます。この際，積数ではなく完成品数量で割ることに留意してください。

X製品の単位原価：¥4,704,000 ÷ 2,800個 = @¥1,680

Y製品の単位原価：¥3,024,000 ÷ 1,200個 = @¥2,520

12．X製品の売上と売上原価の計上

(借)	売 掛 金	8,204,000	(貸)	売 上	8,204,000
	売 上 原 価	4,918,900		X 製 品	4,918,900

X製品の売上については，販売量2,930個×売価@¥2,800＝¥8,204,000となる。また，売上原価は先入先出法を適用しているため，以下のように計算できる

月初有高分	：	¥584,500	(350個)
当月完成品分	：	¥4,334,400	(2,580個×@¥1,680)
売上原価	：	¥4,918,900	(2,930個)

13．Y製品の売上と売上原価の計上

(借)	売 掛 金	4,864,000	(貸)	売 上	4,864,000
	売 上 原 価	3,228,400		X 製 品	3,228,400

Y製品の売上については，販売量1,280個×売価@¥3,800＝¥4,864,000となる。また，売上原価は先入先出法を適用しているため，製品Xと同様に以下のように計算できる

月初有高分	:	¥506,800	(200個)
当月完成品分	:	¥2,721,600	(1,080個×@¥2,520)
売上原価	:	¥3,228,400	(1,280個)

14. 販売費と一般管理費の月次損益勘定への振替

（借）　月　次　損　益　　　625,400　　　　（貸）　販　　売　　費　　　625,400

（借）　月　次　損　益　　　866,900　　　　（貸）　一　般　管　理　費　　　866,900

月次損益計算書に記入される金額は，以下のように，これまでの計算結果をもとにして埋めていくことになります。

Ⅰ　売上高：X製品¥8,204,000＋Y製品¥4,864,000＝¥13,068,000

Ⅱ　売上原価：¥1,091,300＋¥7,728,000－¥672,000＝¥8,147,300

　1．月初製品棚卸高：X製品¥584,500＋Y製品¥506,800＝¥1,091,300

　2．当月製品製造原価：7,728,000

　3．月末製品棚卸高：X製品¥369,600＋Y製品¥302,400＝¥672,000

　売上総利益：¥13,068,000－¥8,147,300＝¥4,920,700

Ⅲ　販売費及び一般管理費：¥625,400＋¥866,900＝¥1,492,300

　1．販売費：¥625,400

　2．一般管理費：¥866,900

　営業利益：¥4,920,700－¥1,492,300＝¥3,428,400

※氏名は記入しないこと。

会場コード

受験番号

全4ページ ①

第208回簿記能力検定試験

1級　原価計算・工業簿記 解　答

【禁無断転載】

得　点

点

制限時間
【1時間30分】

第1問 (12点)

@2点×6＝12点

（ア）	（イ）	（ウ）
費目別	同種製品	部門費
（エ）	（オ）	（カ）
売上原価	変動製造マージン	￥2,200,000

第2問 (24点)

@4点×6＝24点

	借　方　科　目	金　額	貸　方　科　目	金　額
1	製 造 間 接 費	3,950,000	工 場 消 耗 品	3,950,000
2	仕 掛 品 製 造 間 接 費	2,656,800 418,200	賃 金 給 料	3,075,000
3	製 品 副 産 物	7,921,000 79,000	第 2 工 程 仕 掛 品	8,000,000
4	A 組 仕 掛 品 B 組 仕 掛 品	1,962,000 4,578,000	組 間 接 費	6,540,000
5	売 上 製 品	71,500 55,000	売 掛 金 売 上 原 価	71,500 55,000
6	製 造 間 接 費	328,000	本 社	328,000

第3問（16点）

仕掛－直接材料費

前 月 繰 越	（　　470,400）	製　　　　　品	（● 6,017,200）
材　　　　　料	（　6,162,300）	（価格）差異	（　　317,300）●
●（数量）差異	（　　231,000）	次 月 繰 越	（　　529,200）
	（　6,863,700）		（　6,863,700）
前 月 繰 越	（● 　529,200）		

第4問（48点）

（1）

部 門 費 振 替 表

（単位：円）

摘　　　要	合　　　計	切削部門	組立部門	動力部門	管理部門
部 門 個 別 費					
間 接 材 料 費	692,600	389,200	172,600	81,300	49,500
間 接 労 務 費	● 707,000	216,800	308,200	94,100	87,900
間 接 経 費	685,400	275,100	254,900	87,600	67,800
部門共通費配賦額	1,182,000	354,600	413,700	295,500	● 118,200
部 門 費 合 計	3,267,000	1,235,700	1,149,400	558,500	323,400
作業くず評価額	38,100	31,700	6,400	－	－
差 引 計	3,228,900	● 1,204,000	1,143,000	558,500	323,400
動 力 部 門 費	558,500	223,400	335,100		
管 理 部 門 費	323,400	161,700	161,700		
実 際 発 生 額	3,228,900	1,589,100	● 1,639,800		
予 定 配 賦 額	3,078,300	1,313,700	1,764,600		
部 門 費 差 異	（－）150,600	（－）275,400	（＋）124,800		

部門費差異の行の（　）内には，借方差異ならば－を，貸方差異ならば＋を記入しなさい。

(2)

切 削 部 門 費

製 造 間 接 費	(1,235,700)	(仕　掛　品)	(1,313,700)
(動 力 部 門 費)	(223,400)	作 業 く ず	(● 31,700)
管 理 部 門 費	(161,700)	部 門 費 差 異	(275,400)
	(1,620,800)		(1,620,800)

動 力 部 門 費

●(製 造 間 接 費)	(558,500)	切 削 部 門 費	(223,400)
		(組 立 部 門 費)	(335,100)
	(558,500)		(558,500)

仕　　掛　　品

前 月 繰 越	(523,100)	仕　掛　品	(86,700)
材　　　料	(727,100)	製　　　品	(3,830,000)
賃 金 給 料	(677,000)	(作 業 く ず)	(30,100)
経　　　費	(74,600)	次 月 繰 越	(● 1,220,000)
切 削 部 門 費	(1,313,700)		
組 立 部 門 費	(1,764,600)		
●(仕　掛　品)	(86,700)		
	(5,166,800)		(5,166,800)
前 月 繰 越	(1,220,000)		

製　　　　　品

前 月 繰 越	(1,597,000)	(売 上 原 価)	(● 3,485,000)
(仕　掛　品)	(3,830,000)	次 月 繰 越	(1,942,000)
	(5,427,000)		(5,427,000)
前 月 繰 越	(1,942,000)		

売　　　　　上

●(月 次 損 益)	(5,110,000)	(売　掛　金)	(5,110,000)

(3)

指図書別原価計算表

（単位：円）

摘　　　要	指図書♯51	指図書♯52	指図書♯53	指図書♯51-R1	合　　　計
月 初 仕 掛 品 原 価	523,100	—	—	—	523,100
直 接 材 料 費	54,900	387,100	264,800	20,300	727,100
直 接 労 務 費	108,900	341,700	206,500	19,900	● 677,000
直 接 経 費	12,500	32,400	29,700	—	74,600
切 削 部 門 費	408,900	513,300	365,400	26,100	1,313,700
組 立 部 門 費	703,800	● 683,400	357,000	20,400	1,764,600
小　　　計	1,812,100	1,957,900	1,223,400	● 86,700	5,080,100
補 　修　 費	86,700	—	—	△86,700	0
合　　　計	● 1,898,800	1,957,900	1,223,400	0	5,080,100
作 業 く ず 評 価 額	10,800	15,900	3,400	—	30,100
差 　引　 計	1,888,000	1,942,000	1,220,000	0	5,050,000
備　　　考	完　成	完　成	仕 掛 中	♯51へ賦課	

(4) 部門費差異の要因分析

部門費総差異は¥【　150,600　】であり，【有利・不利】差異となっているが，その要因をさらに分析
すると次のようになる。すなわち，組立部門の部門費差異は¥【　124,800　】の【有利・不利】差異で
あった。しかし，切削部門の部門費差異は¥【　275,400　】の【有利・不利】差異であり，せっかく組立
部門で得た原価節約分を結果として打ち消してしまったと考えられる。したがって，今後は【切削・組立】
部門の製造間接費について，原価管理を徹底する必要があると考えられる。

※【　　　　　　】欄には適切な金額を記入し，【有利・不利】欄と【切削・組立】欄については適切な方を〇
で囲みなさい。

第1問

　　従来通り「原価計算基準」の内容からの出題ですが，受験生は決して勘に頼った解答をせず，よく吟味して解答をしてほしいものです。今回は，基本的な用語や原価計算手続きに関する箇所を中心に出題しました。また，計算問題も一問だけ用意しました。単に「原価計算基準」を丸暗記するのではなく，基本概念を中心に理解してもらいたいものです。

１．「原価計算基準」七からの出題です。実際原価計算の計算手順を確認してください。

２．「原価計算基準」二一からの出題です。

３．「原価計算基準」三六からの出題です。部門別個別原価計算における作業くずのケースで考えれば，作業くずが共通的に発生している場合はその評価額を部門費から控除します（原則的処理法）。しかし，作業くずが特定の製品の製造から発生していることが明確な場合は，その製造指図書の直接材料費や製造原価から控除します（例外的処理法）。今回は第４問でこの処理方法が問われています。確認してみてください。

４．「原価計算基準」四七の（一）からの出題です。

５．「原価計算基準」四の（三）からの出題です。部分原価という用語はあまり用いられていませんが，直接原価計算といえばわかると思います。「原価計算基準」のこの部分を借りて，その直接原価計算における計算構造の理解を問いました。

６．上記５．を計算問題化した出題です。損益分岐点における売上高は，固定費を貢献利益率で除すると求められます。固定費をちょうど貢献利益で回収し終えた売上高が損益分岐点売上高となるからです。

　　本問では，貢献利益率が次のように45％と計算されます。すなわち，貢献利益が￥5,000,000－￥2,600,000－￥150,000＝￥2,250,000なので，￥2,250,000÷￥5,000,000×100＝45％となります。

　　したがって，損益分岐点売上高は，（￥690,000＋￥300,000）÷45％＝￥2,200,000と計算されます。

第2問

　　製造業における仕訳の問題です。今回もすべて最近の過去問題を参考に出題してあります。

１．間接材料の消費額の計算方法である棚卸計算法に関する問題です。消費額は￥458,000＋￥3,963,000－￥471,000＝￥3,950,000となります。勘定科目に注意してください。工場消耗品勘定を使います。間接材料なので，製造間接費勘定へ振り替えます。

２．労務費の予定賃率による消費額の振替関係を理解しているかを問う問題です。基本的な問題と考えられます。手待時間は間接労務費の扱いになることに注意してください。本問での間接労務費は，￥820×（450＋60）時間＝￥418,200となります。

３．工程別総合原価計算において，主産物と副産物が分離される際の問題です。主産物は製品勘定へ振り替えられ，副産物は評価額を副産物勘定に振り替えます。なお，貸方科目は第２工程仕掛品になることに注意してください。

４．組級別総合原価計算における，組間接費の配賦に関する基本的な問題です。３：７の割合で各組製品（実際には各組仕掛品勘定）に振り替えます。

5．得意先への製品販売後の返品に関する問題です。25個分の売価と製造原価を計算できるかがポイントになります。製造単位原価は@¥2,200なので，製品1個当たりの売価は@¥2,200×130％＝@¥2,860となります。したがって，売上は@¥2,860×25個＝¥71,500に，売上原価は@¥2,200×25個＝¥55,000となります。返品なので販売時の仕訳の逆仕訳になります。

6．本社工場会計の工場側の仕訳です。保険料の支払いについてはすべて本社側でおこなうため，現金勘定は用いない点に注意してください。さらに勘定科目選択欄に保険料勘定が無いことから，製造間接費勘定に直接振り替えることになります。

第3問

第190回以降出題されなかった標準原価計算の勘定記入の問題です。直接材料費部分だけで勘定記入する点に注意してください。

材料はすべて製造工程の始点で投入しているため，加工進捗度は不要になります。

前月繰越額：¥980×　480個＝¥470,400

当月完成分：¥980×6,140個＝¥6,017,200

次月繰越額：¥980×　540個＝¥529,200

問題は標準原価差異部分です。価格差異と数量差異に分けて記入する必要があるので，次のように計算します。材料の実際消費単価は，¥6,162,300÷8,350kg＝¥738となります。また，当月投入分は6,140個－480個＋540個＝6,200個になります。

価格差異：（¥700－¥738）×8,350kg＝△¥317,300（借方差異・不利差異）

数量差異：（1.4kg×6,200個－8,350kg）×¥700＝¥231,000（貸方差異・有利差異）

最後に開始記入をすることも忘れないでください。

第4問

比較的よく出題される原価の部門別計算から出題しました。今回は，第200回で出題された問題を参考にしました。

いつも指摘しているのですが，受験生が問題を見た時に，実際の製造工程が想像できるような具体例を使って出題するように心がけました。今回はオリジナルの木工品を個別受注しているケースを想定しました。製造部門として切削部門と組立部門を出したのもそういう理由からです。

問題自体は過去問題をやっておけばほとんど解けるようにしましたが，工業簿記の一巡を理解してもらうという目的を考え，製品の販売で終わらずに月次損益勘定への振替まで問いました。また，製造部門費に関して予定配賦を採用していますが，これについてもただ計算して終わりというのではなく，その結果の分析という重要なプロセスについても考えてもらいたく，部門費差異の要因分析も出題しました。「なぜ差異を計算するのか」という理由について考えてみてください。

(1) 部門費振替表

・部門個別費については，間接材料費，間接労務費，間接経費の資料から数字を持ってくるだけですむ。

・部門共通費については，全体の金額が¥374,500＋¥381,500＋¥426,000＝¥1,182,000となることに注意すること。この金額を6．の配賦割合で配賦する。例えば，切削部門へは¥1,182,000×30％＝¥354,600となる。

・部門費合計額を製造間接費勘定から各部門費勘定へ振り替える。作業くずの評価額がある場合に

は，部門費合計額から控除する。

- 補助部門費の製造部門への配賦については，8．にある配賦割合で配賦すればよい。

  切削部門への配賦額；動力部門より¥223,400（¥558,500×40％）＋管理部門より

  ¥161,700（¥323,400×50％）＝¥385,100

  組立部門への配賦額；動力部門より¥335,100（¥558,500×60％）＋管理部門より

  ¥161,700（¥323,400×50％）＝¥496,800

- 製造部門費予定配賦については，9．のデータを使って各部門で予定配賦率を算定し，予定配賦

  額を計算することになる。予定配賦額と実際発生額との差額が部門費差異となる。

  切削部門の予定配賦率；¥20,010,000÷23,000時間＝＠¥870

  切削部門の予定配賦額；＠¥870×1,510時間（470＋590＋420＋30）＝¥1,313,700

  切削部門費差異；¥1,313,700－¥1,589,100＝△¥275,400（不利な差異・借方差異）

  組立部門の予定配賦率；¥25,500,000÷25,000時間＝＠¥1,020

  組立部門の予定配賦額；＠¥1,020×1,730時間（690＋670＋350＋20）＝¥1,764,600

  組立部門費差異；¥1,764,600－¥1,639,800＝¥124,800（有利な差異・貸方差異）

(2) 勘定記入・補助部門費の配賦まで

　1．と2．；それぞれ前月繰越に記入する。

　3．～5．；①製造直接費を仕掛品勘定へ振り替える。

（借）	仕掛品	727,100	（貸）	材料	727,100
（借）	仕掛品	677,000	（貸）	賃金給料	677,000
（借）	仕掛品	74,600	（貸）	経費	74,600

　3．～5．；②部門費振替表の部門費合計額を振り替える。

（借）	切削部門費	1,235,700	（貸）	製造間接費	3,267,000
	組立部門費	1,149,400			
	動力部門費	558,500			
	管理部門費	323,400			

　7．作業くず評価額を各部門費から控除する。

（借）	作業くず	38,100	（貸）	切削部門費	31,700
				組立部門費	6,400

　8．補助部門費を製造部門へ配賦する。

（借）	切削部門費	385,100	（貸）	動力部門費	223,400
				管理部門費	161,700
（借）	組立部門費	496,800	（貸）	動力部門費	335,100
				管理部門費	161,700

　9．①製造部門から仕掛品へ予定配賦する。

（借）	仕掛品	1,313,700	（貸）	切削部門費	1,313,700
（借）	仕掛品	1,764,600	（貸）	組立部門費	1,764,600

9．②製造部門から部門費差異を振り替える。

（借）部 門 費 差 異 275,400 （貸）切 削 部 門 費 275,400

（借）組 立 部 門 費 124,800 （貸）部 門 費 差 異 124,800

⑶ 指図書別原価計算表

・月初仕掛品，直接材料費，直接労務費，直接経費については，２．〜５．のデータを書き写せばよい。

・切削部門と組立部門からの予定配賦額は，９．の②を使って指図書別に計算する。例えば，組立部門からの予定配賦額は次のとおりである。

指図書＃51；@¥1,020×690時間＝¥703,800

指図書＃52；@¥1,020×670時間＝¥683,400

指図書＃53；@¥1,020×350時間＝¥357,000

指図書＃51−R1；@¥1,020×20時間＝¥20,400

・指図書＃51−R1の原価は補修費用なので，指図書＃51に振り替える。

・作業くず評価額は，該当する指図書より控除する。

・指図書＃51と指図書＃52は完成し，製品勘定へ振り替えられ，指図書＃53は月末仕掛品となる。

⑷ 勘定記入・⑵の続き

・仕掛品勘定の借方と指図書別原価計算表合計額は対応している。そのまま書き写せばよい。逆に確認の意味で用いることもできる。

７．作業くず評価額を該当する指図書より控除する。

（借）作 業 く ず 30,100 （貸）仕 掛 品 30,100

・指図書＃51−R1の指図書＃51への振り替えは形式的なものになる。

（借）仕 掛 品 86,700 （貸）仕 掛 品 86,700

10．完成品原価の振り替えは指図書＃51分；¥1,888,000と指図書＃52分；¥1,942,000が対象になる。

（借）製 品 3,830,000 （貸）仕 掛 品 3,830,000

11．指図書＃50と指図書＃51が販売された。よって，売上原価は¥1,597,000＋¥1,888,000＝3,485,000となり，売上は¥2,340,000＋¥2,770,000＝¥5,110,000となる。

（借）売 上 原 価 3,485,000 （貸）製 品 3,485,000

（借）売 掛 金 5,110,000 （貸）売 上 5,110,000

12．月次損益勘定への振り替え

（借）月 次 損 益 3,485,000 （貸）売 上 原 価 3,485,000

（借）売 上 5,110,000 （貸）月 次 損 益 5,110,000

⑸ 部門費差異の要因分析

全体としては¥150,600の不利な差異となっているが，部門ごとに分析すると次のように分析できる。

組立部門は¥124,800の有利な差異となっており，かなりの節約をしたことになる。一方で，切

削部門は¥275,400の不利な差異となっており，しかもその金額が組立部門の節約効果を打ち消してしまうレベルだったことが分かる。

　このように，全体だけを見ていただけでは適切な評価はできないことが分かると思う。部門ごとに差異を把握し，分析・評価をすることが重要であることを理解してほしい。

| 会場コード |
| 受験番号 |

得　点

点

第209回簿記能力検定試験

1級　原価計算・工業簿記 解　答

制限時間
【1時間30分】

第1問（12点）　　　　　　　　　　　　　　　　@2点×6＝12点

ア	イ	ウ	エ	オ	カ
×	○	×	○	○	×

第2問（24点）　　　　　　　　　　　　　　　　@4点×6＝24点

	借　方　科　目	金　　額	貸　方　科　目	金　　額
1	製 造 間 接 費	1,150,000	工 場 消 耗 品	1,150,000
2	作 業 時 間 差 異	14,100	仕 掛 品	14,100
3	第 1 製 造 部 門 費 第 2 製 造 部 門 費	1,925,000 1,535,000	A 補 助 部 門 費 B 補 助 部 門 費	1,840,000 1,620,000
4	製　　　　　品 副 産 物	4,228,000 52,000	第 2 工 程 仕 掛 品	4,280,000
5	現　　　　　金 売 上 原 価	1,350,000 1,080,000	売　　　　上 製　　　　品	1,350,000 1,080,000
6	製 造 間 接 費	2,800,000	本　　　　社	2,800,000

第3問（20点）

損益計算書（直接原価計算）　（単位：円）

Ⅰ	売　　上　　高	（	17,680,000）
Ⅱ	変　動　売　上　原　価	（●	10,132,000）
	製　造　マ　ー　ジ　ン	（	7,548,000）
Ⅲ	変　動　販　売　費	（	1,428,000）
	貢　　献　　利　　益	（●	6,120,000）
Ⅳ	固　　　定　　　費	（	4,860,000）
	営　　業　　利　　益	（●	1,260,000）

損　益　分　岐　点　に　お　け　る　販　売　数　量	●	2,700　個
目標営業利益￥2,700,000を達成する販売数量	●	4,200　個

第4問（44点）

材　　料

前　月　繰　越	（ 548,400）	N 組 仕 掛 品	（	2,288,000）
（買　掛　金）	（ 6,600,000）	S 組 仕 掛 品	（●	3,950,100）
当　座　預　金	（ 41,000）	（組　間　接　費）	（	446,000）
		次　月　繰　越	（	505,300）
	（ 7,189,400）		（	7,189,400）
前　月　繰　越	（ 505,300）			

賃　金　給　料

（当　座　預　金）	（ 5,711,000）	未 払 賃 金 給 料	（	767,600）
預　　り　　金	（ 514,300）	N 組 仕 掛 品	（●	2,072,200）
未 払 賃 金 給 料	（ 649,400）	（S 組 仕 掛 品）	（	3,307,900）
		組　間　接　費	（	727,000）
	（ 6,874,700）		（	6,874,700）

経　　費

前　払　経　費	（ 92,200）	（N 組 仕 掛 品）	（	184,300）
（当　座　預　金）	（ 654,200）	S 組 仕 掛 品	（	242,300）
減 価 償 却 累 計 額	（ 312,600）	組　間　接　費	（●	543,000）
		前　払　経　費	（	89,400）
	（ 1,059,000）		（	1,059,000）

組 間 接 費

材　　　　　料	（ 446,000）	（N 組 仕 掛 品）	（ 772,200）
（賃 金 給 料）	（ 727,000）	S 組 仕 掛 品	（● 943,800）
経　　　　　費	（ 543,000）		
	（ 1,716,000）		（ 1,716,000）

N 組 仕 掛 品

前 月 繰 越	（ 471,200）	（N 組 製 品）	（● 5,067,000）
材　　　　　料	（ 2,288,000）	次 月 繰 越	（ 720,900）
賃 金 給 料	（ 2,072,200）		
経　　　　　費	（ 184,300）		
組 間 接 費	（ 772,200）		
	（ 5,787,900）		（ 5,787,900）
前 月 繰 越	（ 720,900）		

N 組 製 品

前 月 繰 越	（ 1,008,000）	（売 上 原 価）	（● 5,230,500）
N 組 仕 掛 品	（ 5,067,000）	次 月 繰 越	（ 844,500）
	（ 6,075,000）		（ 6,075,000）
前 月 繰 越	（ 844,500）		

S 組 仕 掛 品

前 月 繰 越	（ 641,400）	S 組 製 品	（ 8,190,000）
（材　　　　　料）	（ 3,950,100）	（副 産 物）	（ 21,500）
賃 金 給 料	（ 3,307,900）	次 月 繰 越	（ 874,000）
経　　　　　費	（ 242,300）		
（組 間 接 費）	（ 943,800）		
	（ 9,085,500）		（ 9,085,500）
前 月 繰 越	（ 874,000）		

S 組 製 品

前 月 繰 越	（ 1,266,000）	（売 上 原 価）	（● 8,826,000）
（S 組 仕 掛 品）	（ 8,190,000）	次 月 繰 越	（ 630,000）
	（ 9,456,000）		（ 9,456,000）
前 月 繰 越	（ 630,000）		

N組原価計算表

摘　要	金　　　額	
月 初 仕 掛 品		
直 接 材 料 費	(　　　　282,400)	
加 　工 　費	(　　　　188,800)	(　　　　471,200)
当 月 製 造 費 用		
組 直 接 費		
直 接 材 料 費	(　　　2,288,000)	
直 接 労 務 費	(　　　2,072,200)	
直 接 経 費	(　　　　184,300)	
組間接費配賦額	(　　　　772,200)	(　　　5,316,700)
合 　　　計		(　　　5,787,900)
月 末 仕 掛 品		
直 接 材 料 費	(　　　　428,400)	
加 　工 　費	(●　　　292,500)	(　　　　720,900)
完 成 品 原 価		(　　　5,067,000)
完 成 品 数 量		(　　　3,000) 個
単 位 原 価		(@●　　　1,689)

S組原価計算表

摘　要	金　　　額	
月 初 仕 掛 品		
直 接 材 料 費	(　　　　409,500)	
加 　工 　費	(　　　　231,900)	(　　　　641,400)
当 月 製 造 費 用		
組 直 接 費		
直 接 材 料 費	(　　　3,950,100)	
直 接 労 務 費	(　　　3,307,900)	
直 接 経 費	(　　　　242,300)	
組間接費配賦額	(　　　　943,800)	(　　　8,444,100)
合 　　　計		(　　　9,085,500)
月 末 仕 掛 品		
直 接 材 料 費	(●　　　553,600)	
加 　工 　費	(　　　　320,400)	(　　　　874,000)
副 産 物 評 価 額		(　　　　21,500)
完 成 品 原 価		(　　　8,190,000)
完 成 品 数 量		(　　　2,600) 個
単 位 原 価		(@●　　　3,150)

第1問

　「原価計算基準」の内容に準拠した〇×選択問題を出題しました。「原価計算基準」における各種用語の正確な意味や実務上の取り扱いに加え，例外事項に関する記述などについても意識して学習してみてください。

1．原価計算の目的に関する問題です。原価計算の目的の一つとして，原価管理に必要な原価資料を提供することが挙げられますが，提供する相手は，トップマネジメントだけでなく各階層の経営管理者となります。本問は「原価計算基準」一(三)からの出題になります。

2．原価の諸概念における実際原価に関する問題です。実際消費量は経営の正常な状態を前提とするものであり，異常な状態を原因とする異常な消費量は実際消費量とは解しません。本問は「原価計算基準」四(一)からの出題になります。

3．製造原価要素の分類基準に関する問題です。形態別分類においては，原価要素は材料費，労務費，経費に属する各費目に分類されます。本問は「原価計算基準」八(一)からの出題になります。

4．部門別計算の手続きに関する問題です。補助部門費は基本的には各製造部門に配賦されることになりますが，必要ある場合には製造部門に配賦しないで直接製品に配賦することができます。本問は「原価計算基準」一八(二)からの出題になります。

5．標準原価計算の目的に関する問題です。標準原価計算は最も重要な目的として原価管理が挙げられていますが，それ以外に，標準原価を勘定組織の中に組み入れることによって記帳を簡略化し，迅速化するという目的も挙げられています。本問は「原価計算基準」四〇(四)からの出題になります。

6．標準原価計算制度における原価差異の会計処理に関する問題です。数量差異，作業時間差異，能率差異等であっても，異常な状態に基づくと認められるものは非原価項目として処理します。本問は「原価計算基準」四七(二)からの出題になります。

第2問

　製造業における仕訳の問題です。すべて過去問題を参考に出題しています。

1．工場消耗品を消費した際の仕訳を問うています。相手勘定は製造間接費となり，消費金額は月初棚卸高¥241,000＋当月購入高¥1,128,000－月末棚卸高¥219,000＝¥1,150,000となります。

2．作業時間差異の仕訳です。標準＜実際なので不利差異となり，金額は標準賃率¥940×(標準作業時間2,800時間－実際作業時間2,815時間)＝¥14,100となります。

3．補助部門費の配賦を行った際の仕訳です。与えられた割合で2つの補助部門費を配賦します。A補助部門費¥1,840,000は¥1,196,000が第1製造部門費，¥644,000が第2製造部門費に集計されます。同様に，B補助部門費¥1,620,000は¥729,000が第1製造部門費，¥891,000が第2製造部門費に集計されます。これらを合計すると，第1製造部門費への集計額が¥1,925,000，第2製造部門費への集計額が¥1,535,000になります。

4．工程の最後に副産物が生じた場合の仕訳です。

5．得意先に製品を販売した場合の仕訳を問うています。本問では売上とともに売上原価も計上します。売上原価は単位当たり製造原価¥1,800×販売数量600個＝¥1,080,000となり，売上は

¥1,080,000×1.25＝¥1,350,000となります。他者の振り出した小切手は現金として処理すること
に注意してください。

6．工場会計が本社より独立している場合の工場側の減価償却費の仕訳です。減価償却費は工場側に
ありますが，減価償却累計額勘定は本社にあるために，貸方は本社勘定になります。

第3問

直接原価計算による損益計算書の作成と，損益分岐点および目標営業利益を達成するための販売数
量を問う問題です。直接原価計算に関する問題については，変動費と固定費の金額を適切に認識でき
るかがカギになります。特に製造数量と販売数量が異なることに注意が必要です。

本問の計算の流れは下記の通りになります。

Ⅰ．売上高＝販売単価¥5,200×販売数量3,400個＝¥17,680,000

Ⅱ．変動売上原価については，製造数量にもとづいて単価を計算する必要があります。

　　　1個当たりの直接材料費：¥4,370,000÷3,800個＝¥1,150

　　　1個当たりの加工費（変動費）：¥6,954,000÷3,800個＝¥1,830

　　　1個当たりの変動製造原価＝¥1,150＋¥1,830＝¥2,980

　　変動売上原価＝1個当たりの変動製造原価×販売数量＝¥2,980×3,400個＝¥10,132,000

Ⅲ．変動販売費＝¥420×3,400個＝¥1,428,000

Ⅳ．固定費＝固定製造原価＋固定販売費＋一般管理費＝（¥10,298,000－¥6,954,000）＋¥676,000＋
¥840,000＝¥4,860,000

次に，損益分岐点の販売数量を求めるために1個当たりの貢献利益を計算します。

　　1個当たりの貢献利益＝販売価格－1個当たりの変動費＝¥5,200－（¥1,150＋¥1,830＋¥420）＝
¥1,800

損益分岐点における販売数量は，貢献利益＝固定費となる数量なので，¥4,860,000÷¥1,800円＝
2,700個になります。

次に，目標営業利益¥2,700,000を達成するための販売数量を計算します。これについては，貢献
利益＝（固定費＋目標営業利益）となる数量なので，（¥4,860,000＋¥2,700,000）÷¥1,800円＝4,200
個となります。

第4問

まず，資料の順に仕訳を示すと下記の通りになります。

a．材料の月初勘定残高の記入

　材料の月初勘定残高の金額¥548,400を当該勘定の前月繰越の金額欄に記入します。

b．仕掛品の月初勘定残高の記入

　N組仕掛品¥471,200，S組仕掛品¥641,400をそれぞれの勘定の前月繰越の金額欄に記入します。
また，直接材料費と加工費金額については，それぞれの原価計算表にも記入します。

c．製品の月初勘定残高の記入

　N組製品¥1,008,000，S組製品¥1,266,000をそれぞれの勘定の前月繰越の金額欄に記入します。

d．未払賃金給料の再振替え

　　未払賃金勘定に計上されている¥767,600を賃金給料勘定に振替えます。

　　（借）未 払 賃 金 給 料　　767,600　　（貸）賃 金 給 料　　767,600

e．前払経費の再振替え

　　前払経費勘定に計上されている¥92,200を経費勘定に振替えます。

　　（借）経　　　　　費　　92,200　　（貸）前 払 経 費　　92,200

　次に取引に沿って解説を示すと次の通りになります。

1．材料の仕入

　　（借）材　　　　　料　　6,641,000　　（貸）買　　掛　　金　　6,600,000
　　　　　　　　　　　　　　　　　　　　　　　当 座 預 金　　41,000

2．賃金給料の支払い

　　（借）賃 金 給 料　　6,225,300　　（貸）当 座 預 金　　5,711,000
　　　　　　　　　　　　　　　　　　　　　　　預　　り　　金　　514,300

3．材料および賃金給料の消費

　　まず，材料の消費高は材料勘定の借方合計¥7,189,400－月末棚卸高¥505,300＝¥6,684,100と
なります。設問ではN組と組間接費の金額が与えられているため，ここからS組の消費額も計算で
きます。

　　（借）N 組 仕 掛 品　　2,288,000　　（貸）材　　　　　料　　6,684,100
　　　　　S 組 仕 掛 品　　3,950,100
　　　　　組 間 接 費　　446,000

　　次に賃金給料の消費高は賃金給料勘定の当月支払額¥6,225,300＋月末未払賃金¥649,400－月
初未払賃金¥767,600＝¥6,107,100となります。設問ではS組と組間接費の金額が与えられている
ため，ここからN組の消費額も計算できます。

　　（借）N 組 仕 掛 品　　2,072,200　　（貸）賃 金 給 料　　6,107,100
　　　　　S 組 仕 掛 品　　3,307,900
　　　　　組 間 接 費　　727,000

4．経費の支払い

　　（借）経　　　　　費　　654,200　　（貸）当 座 預 金　　654,200

5．減価償却費の計上

　　減価償却費は年間見積額が¥3,751,200のため，当月分はこれを1/12にした¥312,600となります。

　　（借）経　　　　　費　　312,600　　（貸）減 価 償 却 累 計 額　　312,600

6．経費の消費

　　経費の消費高は経費勘定の借方合計¥1,059,000－月末前払高¥89,400＝¥969,600となり，ここから組直接費¥426,600を引いた額が組間接費となります。

　　（借）　Ｎ　組　仕　掛　品　　184,300　　　（貸）　経　　　　　　費　　969,600
　　　　　　Ｓ　組　仕　掛　品　　242,300
　　　　　　組　間　接　費　　　　543,000

7．組間接費の配賦

　　組間接費の合計額は材料¥446,000＋賃金給料¥727,000＋経費¥543,000から¥1,716,000となり，これをＮ組に45％，Ｓ組に55％の割合で配賦します。

　　（借）　Ｎ　組　仕　掛　品　　772,200　　　（貸）　組　間　接　費　　1,716,000
　　　　　　Ｓ　組　仕　掛　品　　943,800

8．当月の完成品の製品勘定への振替え

　　（借）　Ｎ　組　製　品　　5,067,000　　　（貸）　Ｎ　組　仕　掛　品　　5,067,000
　　　　　　Ｓ　組　製　品　　8,190,000　　　　　　　Ｓ　組　仕　掛　品　　8,190,000

　⑴　Ｎ組月末仕掛品評価額の計算（平均法）

　　　①　直接材料費＝$(¥282,400＋¥2,288,000)×\dfrac{600個}{3,600個}＝¥428,400$

　　　②　加工費＝$(¥188,800＋¥3,028,700)×\dfrac{300個}{3,300個}＝¥292,500$

　　　　Ｎ組月末仕掛品評価額＝¥428,400＋¥292,500＝¥720,900
　　　　Ｎ組完成品総合原価＝¥5,787,900－¥720,900＝¥5,067,000
　　　　Ｎ組製品単位原価＝¥5,067,000／3,000個＝＠¥1,689

　⑵　Ｓ組月末仕掛品評価額の計算（平均法）

　　　①　直接材料費＝$(¥409,500＋¥3,950,100)×\dfrac{400個}{3,150個}＝¥553,600$

　　　②　加工費＝$(¥231,900＋¥4,494,000)×\dfrac{200個}{2,950個}＝¥320,400$

　　　　Ｓ組月末仕掛品評価額＝¥553,600＋¥320,400＝¥874,000
　　　　Ｓ組完成品総合原価＝¥9,085,500－¥874,000－¥副産物¥21,500＝¥8,190,000
　　　　Ｓ組製品単位原価＝¥8,190,000／2,600個＝＠¥3,150

9．副産物の計上

　　（借）　副　産　物　　21,500　　　（貸）　Ｓ　組　仕　掛　品　　21,500

10．Ｎ組製品の売上

　　（借）　売　掛　金　　8,308,000　　　（貸）　売　　　　　上　　8,308,000
　　　　　　売　上　原　価　　5,230,500　　　　　Ｎ　組　製　品　　5,230,500

　　Ｘ組製品売上＝＠¥2,680×3,100個＝¥8,308,000

X組製品売上原価（先入先出法）＝月初有高￥1,008,000（600個）＋＠￥1,689×2,500個
　　　　　　　　＝￥5,230,500

11. Ｓ組製品の売上

（借）売　　掛　　金　13,944,000　　　（貸）売　　　　　　上　13,944,000
　　　売　上　原　価　　8,826,000　　　　　Ｓ　組　製　品　　8,826,000
Ｙ組製品売上＝＠￥4,980×2,800個＝￥13,944,000
Ｙ組製品売上原価（先入先出法）＝月初有高￥1,266,000（400個）＋＠￥3,150×2,400個
　　　　　　　　＝￥8,826,000

※氏名は記入しないこと。

【禁無断転載】

会場コード	得　点

受験番号

第210回簿記能力検定試験

1級　原価計算・工業簿記　解　答

点

制限時間
【1時間30分】

第1問 （12点）

@2点×6＝12点

（ア）	（イ）	（ウ）
一定の給付	間接労務費	間接経費
（エ）	（オ）	（カ）
第二次	必然に	特定製造指図書

第2問 （24点）

@4点×6＝24点

	借　方　科　目	金　額	貸　方　科　目	金　額
1	製　造　間　接　費	34,000	材　　　　　料	34,000
2	機　械　装　置	2,023,000	仕　　掛　　品	2,023,000
3	A　組　仕　掛　品 B　組　仕　掛　品 組　間　接　費	2,678,000 2,049,000 1,350,000	賃　金　給　料	6,077,000
4	予　算　差　異	17,000	仕　　掛　　品	17,000
5	仕　　掛　　品 月　次　損　益	2,690,000 3,250,000	製　造　間　接　費	5,940,000
6	材　　　　　料	3,330,000	本　　　　　社	3,330,000

第3問（20点）

●印@4点×5＝20点

連産品原価計算表

製品名	正常市価	等価係数	生産量	積数	あん分原価	単位原価
A製品	@¥ 600	1	3,200kg	3,200	¥ 2,464,000	@¥● 770
B製品	@¥ 900	1.5	2,400kg	3,600	¥ 2,772,000	@¥ 1,155
C製品	@¥ 1,500	2.5	1,200kg	3,000	¥●2,310,000	@¥ 1,925
				● 9,800	¥ 7,546,000	

B　製　品

借　　　　方	金　　　額	貸　　　　方	金　　　額
前　月　繰　越	891,450	（売　上　原　価）	（● 2,907,500）
（仕　　掛　　品）	（● 2,772,000）	次　月　繰　越	（ 755,950）
	（ 3,663,450）		（ 3,663,450）
前　月　繰　越	（ 755,950）		

第4問（44点）

●印@4点×11＝44点

材　　　料

前　月　繰　越	（ 320,000）	仕　　掛　　品	（● 1,029,000）
買　　掛　　金	（ 1,478,000）	製　造　間　接　費	（ 426,000）
		次　月　繰　越	（ 343,000）
	（ 1,798,000）		（ 1,798,000）

賃　金　給　料

諸　　　　口	（ 1,385,000）	前　月　繰　越	（ 675,000）
次　月　繰　越	（ 729,000）	仕　　掛　　品	（ 1,218,000）
		製　造　間　接　費	（● 221,000）
	（ 2,114,000）		（ 2,114,000）

製　造　間　接　費

材　　　　料	(426,000)	(仕　　掛　　品)	(● 2,100,000)
賃　金　給　料	(221,000)		
(減 価 償 却 費)	(● 307,000)		
電　　力　　料	(514,000)		
租　税　公　課	(106,000)		
保　　険　　料	(354,000)		
製造間接費配賦差異	(172,000)		
	(2,100,000)		(2,100,000)

仕　　掛　　品

前　月　繰　越	(653,000)	製　　　　品	(4,700,000)
材　　　　料	(1,029,000)	次　月　繰　越	(647,000)
賃　金　給　料	(1,218,000)		
●(外 注 加 工 賃)	(347,000)		
製　造　間　接　費	(2,100,000)		
	(5,347,000)		(5,347,000)

製　　　　品

前　月　繰　越	(574,000)	売　上　原　価	(4,672,000)
仕　　掛　　品	(4,700,000)	次　月　繰　越	(602,000)
	(5,274,000)		(5,274,000)

売　　　　上

●(月 次 損 益)	(6,400,000)	(売　掛　金)	(6,400,000)

月 次 製 造 原 価 報 告 書

㈱全経製作所　　　　　　　　○年5月1日〜5月31日　　　　　　　（単位：円）

Ⅰ　材　料　費		
1．月初材料棚卸高	（　　　320,000）	
2．当月材料仕入高	（　　1,478,000）	
合　　　計	（　　1,798,000）	
3．月末材料棚卸高	（　　　343,000）	
当 月 材 料 費		（●　　1,455,000）
Ⅱ　労　務　費		
1．直 接 工 賃 金	（　　1,218,000）	
2．間 接 工 賃 金 等	（　　　221,000）	
当 月 労 務 費		（　　1,439,000）
Ⅲ　経　　　　費		
1．外 注 加 工 賃	（　　　347,000）	
2．減 価 償 却 費	（　　　307,000）	
3．電　力　料	（●　　514,000）	
4．租 税 公 課	（　　　106,000）	
5．保　険　料	（　　　354,000）	
当 月 経 費		（　　1,628,000）
製造間接費配賦差異		（●　　172,000）
当 月 製 造 費 用		（　　4,694,000）
月初仕掛品棚卸高		（　　　653,000）
合　　　計		（　　5,347,000）
月末仕掛品棚卸高		（　　　647,000）
（当月製品製造原価）		（　　4,700,000）

月 次 損 益 計 算 書

㈱全経製作所　　　　　　　　○年5月1日〜5月31日　　　　　　　（単位：円）

Ⅰ　売　上　高		（　　6,400,000）
Ⅱ　売　上　原　価		
1．月初製品棚卸高	（　　　574,000）	
2．当月製品製造原価	（●　4,700,000）	
合　　　計	（　　5,274,000）	
3．月末製品棚卸高	（　　　602,000）	
差　　　引	（　　4,672,000）	
4．原 価 差 異	（　　　172,000）	（　　4,500,000）
売 上 総 利 益		（●　1,900,000）

第1問

　従来通り「原価計算基準」の内容からの出題ですが，受験生は決して勘に頼った解答をせず，よく吟味して解答をしてほしいものです。今回は，基本的な用語や原価計算手続きに関する箇所を中心に出題しました。また，少し考える設問も一問だけ用意しました。単に「原価計算基準」を丸暗記するのではなく，基本概念を中心に理解してもらいたいものです。

　1．「原価計算基準」三からの出題です。給付という用語の意味を確認してください。

　2．「原価計算基準」十からの出題です。福利（厚生）費と福利施設負担額の違いを確認してください。福利（厚生）費は法定福利費と法定外福利費に分けることができます。健康保険料負担金等の福利費は法定福利費に該当します。法定福利費は事業主の負担が義務付けられているもので，間接労務費になります。従業員が利用する福利施設の負担額は，法定外福利費に該当します。法定外福利費は，従業員のモチベーションを維持・向上させる福利厚生の一環として事業主が任意で負担しているもので，間接経費になります。

　　　福利厚生は、従業員の満足度をアップさせ、安心して働き続けられるようにするために、企業が提供する給与以外の報酬・サービスをさします。法定福利費も福利厚生費の一つといえますが、法律によって支出負担が定められているという特徴から、会計上は別々に計上します。

　3．「原価計算基準」十五からの出題です。

　4．「原価計算基準」二八からの出題です。副産物の定義をよく確認してください。

　5．「原価計算基準」三一からの出題です。個別原価計算における製造指図書の役割を確認してください。

第2問

　製造業における仕訳の問題です。今回はすべて最近の過去問題を参考に出題してあります。

　1．棚卸減耗費に関する仕訳問題を206回に次いで出題しました。月初在庫量と当月購入量の単位原価が同じなので，平均法等を適用する必要はありません。月末帳簿棚卸数量は220kg＋4,100kg－3,970kg＝350kgとなります。月末実地棚卸数量346kgとの差額4kgが棚卸減耗となります。よって，¥8,500×4kg＝¥34,000が棚卸減耗費と計算されます。棚卸減耗費勘定は用いていないので，材料勘定から製造間接費勘定に振り替えることになります。

　2．自家用機械の製造原価の計算と完成時の振り替えに関する仕訳問題です。直接経費である外注加工賃を追加することに注意してください。

　3．組別総合原価計算における労務費の消費に関する振り替え関係を問いました。総合原価計算であっても，費目別計算の振り替えは基本的に変わりません。直接労務費は○組仕掛品勘定に，間接労務費は組間接費勘定に振り替えます。

　4．標準原価差異のうち，予算差異の計上に関する問題です。実際作業時間における予算額（予算許容額）¥1,854,000－実際発生額¥1,871,000＝－¥17,000という不利な差異（借方差異）となります。

　5．直接原価計算における原価の振り替え処理を仕訳問題として出題しました。固定製造間接費は製造原価とせずに期間原価となるので，月次損益勘定に振り替えます。直接原価計算においては，最

も重要な振り替えであるといえます。

6．本社工場会計の工場側の仕訳です。主要材料を購入した際に，引取運賃は材料副費として材料勘定に含める点と，買掛金や現金といった支払いに関する勘定科目はすべて本社側の帳簿にある点に注意してください。

第3問

第200回に引き続き連産品総合原価計算の問題を出題しました。等級別総合原価計算の按分計算と似ていますが，正常市価基準に基づく等価係数を用いた製品原価の按分計算が特徴であり，違いでもあります。

連産品は同時必然的に生産される異種製品であり個別的に生産することができないため，各連産品の生産について消費した財の消費量が判明しません。したがって，等級別総合原価計算のように物量（大きさや重さ）の違いに基づく等価係数を用いた按分計算することはできません。そこで連産品の原価計算では，財務諸表作成の観点から，原価回収能力の高い製品に多くの原価を負担させるという負担能力主義の観点により，正常市価基準に基づく等価係数が一般に採用され，連結原価を按分することになります。

しかし，1級レベルでは正常市価が与えられるため，計算という観点からは通常の等級別総原価計算とほとんど変わりません。連産品として分離されるまでにかかった連結原価を全体の完成品総合原価とし，あとはそれを，正常市価を用いた等価係数で按分することになります。

まず，資料1～2のデータから全体の完成品総合原価（連結原価）を計算します。￥794,000＋（￥3,492,000＋￥2,851,000＋￥1,076,000）－￥667,000＝￥7,546,000となります。

次に，正常市価を基に計算した等価係数×完成品数量で求めた積数の比で，全体の完成品総合原価￥7,546,000を連産品である各製品に按分します。

最後に按分原価÷完成品数量で単位原価を計算します。決して積数で割らないようにしてください。

B製品勘定の勘定記入ですが，平均法なので，借方側の情報から製造単位原価を計算できれば，当月販売分と月末棚卸分の原価が簡単に計算できます。

（￥891,450＋￥2,772,000）÷（750kg＋2,400kg）＝@￥1,163

当月販売分：@￥1,163×2,500kg＝￥2,907,500

月末棚卸分：@￥1,163×650kg＝￥755,950

第4問

204回に引き続き，1か月間の工業簿記の一巡（取引から月次の財務諸表作成まで）に関する総合問題を出題しました。なぜ工業簿記一巡が重要かといえば，いわゆる製造業企業における財務諸表作成の流れを理解しておくことこそが，工業簿記の重要な目的の一つと考えるからです。

204回と同じように，問題の難易度はやさしめにして，その代りに全体のボリュームを増やす形にすることで工業簿記全体の流れを理解できるようにしました。本問で注意してほしい箇所は，経費の消費額の計算及び外注加工賃の処理と，製造間接費配賦差異が有利差異（貸方差異）になっていることの三つです。経費の消費額の計算は，支払経費（保険料），測定経費（電力料），月割経費（租税公課及び減価償却費）で異なります。外注加工賃も含めよく計算方法を確認してください。次に，製造原価報告書と損益計算書では差異の表示が正反対になることに注意してください。本問では有利差異なので，製造原価報告書では加算をし，損益計算書では売上原価から減算することになります。

まず最初に，前月繰越額を転記します。それから取引の仕訳に入ります。

◎取引の仕訳

1．（借）材　　　　　料　1,478,000　　　（貸）買　　掛　　金　1,478,000
2．（借）賃　金　給　料　1,385,000　　　（貸）預　　　り　　　金　×　×　×
　　　　　　　　　　　　　　　　　　　　　　　　現　金　等　×　×　×
3．（借）仕　　掛　　品　1,029,000　　　（貸）材　　　　　料　1,029,000
4．直接労務費；¥870×1,400時間＝¥1,218,000
　　（借）仕　　掛　　品　1,218,000　　　（貸）賃　金　給　料　1,218,000
5．製造間接費予定配賦率；¥24,000,000÷16,000時間＝¥1,500
　　製造間接費予定配賦額；¥1,500×1,400時間＝¥2,100,000
　　（借）仕　　掛　　品　2,100,000　　　（貸）製　造　間　接　費　2,100,000
6．補助材料消費額；¥98,000＋当月購入分（¥1,478,000－¥1,063,000）－¥87,000＝¥426,000
　　材料勘定の次月繰越；直接材料（¥222,000＋¥1,063,000－¥1,029,000）＋間接材料¥87,000＝
　　¥343,000
　　（借）製　造　間　接　費　426,000　　　（貸）材　　　　　料　426,000
7．と8．賃金給料勘定の次月繰越；¥586,000＋¥143,000＝¥729,000，間接労務費；当月支払分
　　（¥1,385,000－¥1,108,000）－¥199,000＋¥143,000＝¥221,000
　　（借）製　造　間　接　費　221,000　　　（貸）賃　金　給　料　221,000
9．電力量は測定経費なので，測定額が消費額となります。
　　（借）製　造　間　接　費　514,000　　　（貸）電　　力　　料　514,000
10．外注加工賃は直接経費です。
　　（借）仕　　掛　　品　347,000　　　（貸）外　注　加　工　賃　347,000
11．租税公課；¥318,000÷3か月＝¥106,000
　　（借）製　造　間　接　費　106,000　　　（貸）租　税　公　課　106,000
12．保険料；¥367,000＋¥83,000－¥96,000＝¥354,000
　　（借）製　造　間　接　費　354,000　　　（貸）保　　険　　料　354,000
13．減価償却費；¥3,684,000÷12か月＝¥307,000
　　（借）製　造　間　接　費　307,000　　　（貸）減　価　償　却　費　307,000
14．予定配賦額¥2,100,000－実際発生額¥1,928,000＝¥172,000（有利差異、貸方差異）
　　（借）製　造　間　接　費　172,000　　　（貸）製造間接費配賦差異　172,000
15．仕掛品勘定の次月繰越；借方合計¥5,347,000－¥4,700,000＝¥647,000
　　完成品原価を仕掛品勘定から製品勘定へ振り替えます。
　　（借）製　　　　　品　4,700,000　　　（貸）仕　　掛　　品　4,700,000
16．販売製品の売上原価；¥574,000＋¥4,700,000－¥602,000＝¥4,672,000
　　（借）売　上　原　価　4,672,000　　　（貸）製　　　　　品　4,672,000
　　　　　売　　掛　　金　6,400,000　　　（貸）売　　　　　上　6,400,000
17．（借）売　　　　　上　6,400,000　　　（貸）月　次　損　益　6,400,000
　　　　　月　次　損　益　4,672,000　　　（貸）売　上　原　価　4,672,000

第210回1級工簿－解説3

113

◎月次製造原価報告書への記入

1．材料費欄；材料勘定を参照して記入すればよい。

2．労務費欄；消費額を直接記入すればよいので，労務費勘定貸方の消費額を参考に記入すればよい。

3．経費欄；直接経費である外注加工賃は¥347,000を記入すればよい。間接材料と間接労務費以外の間接費については，製造間接費勘定の借方を参照して記入すればよい。記入する順番に注意すること。

4．製造間接費配賦差異の符号；最初に実際発生額が記載されているため，それを製造原価に算入する予定配賦額に修正することになる。よって，有利差異の場合にはプラスすることになる。なお，損益計算書では逆にマイナスすることになる。

5．当月製造費用は製造原価報告書では，¥1,455,000＋¥1,439,000＋¥1,628,000＋有利差異¥172,000＝¥4,694,000と計算すればいいのであるが，仕掛品勘定では¥1,029,000＋¥1,218,000＋¥347,000＋予定配賦額¥2,100,000＝¥4,694,000となっている点に注意してほしい。特に，製造原価報告書では製造間接費が「実際発生額＋製造間接費配賦差異」となっているが，仕掛品勘定では製造間接費が予定配賦額となっている点に注意してほしい。

6．末尾4行分の記入；仕掛品勘定を参照して記入すればよい。

◎月次損益計算書への記入

1．売上原価欄；基本的には製品勘定を参照して記入すればいい。ただし、原価差異に関しては，本問では製造間接費配賦差異しかないので¥172,000と記入するが，計算上はマイナスすることに注意すること。

2．売上総利益欄；売上高¥6,400,000－売上原価¥4,500,000＝¥1,900,000

※氏名は記入しないこと。

| 会場コード |
| 受験番号 |

【禁無断転載】

得 点

点

第211回簿記能力検定試験
1級 原価計算・工業簿記 解 答

制限時間
【1時間30分】

第1問（12点）

@2点×6＝12点

ア	イ	ウ	エ	オ	カ
○	×	○	×	×	○

第2問（24点）

@4点×6＝24点

	借 方 科 目	金 額	貸 方 科 目	金 額
1	仕 掛 品	766,000	材 料	766,000
2	賃 率 差 異	34,000	賃 金 給 料	34,000
3	第 1 製 造 部 門 費 第 2 製 造 部 門 費	858,000 862,000	A 補 助 部 門 費 B 補 助 部 門 費	580,000 1,140,000
4	機 械 装 置	659,000	仕 掛 品	659,000
5	売 上 製 品	34,000 21,000	売 掛 金 売 上 原 価	34,000 21,000
6	製 造 間 接 費	1,200,000	本 社	1,200,000

第3問（16点）

仕　掛　品

前 月 繰 越	(● 111,600)	製　　　　品	(● 1,890,000)
材　　　　料	(744,000)	副 産 物	25,400
諸　　　　口	(1,231,400)	**次 月 繰 越**	(● 171,600)
	(2,087,000)		(2,087,000)
前 月 繰 越	(171,600)		

当月の製品1個当たりの原価	●@￥ 420

第4問（48点）

材　　　料

前 月 繰 越	(269,900)	仕 掛 品	(● 1,901,900)	
(買 掛 金)	(2,212,900)	製 造 間 接 費	(71,200)	順不問
		製 造 間 接 費	(● 10,200)	
		(製 造 間 接 費)	(317,100)	
		次 月 繰 越	(182,400)	
	(2,482,800)		(2,482,800)	
前 月 繰 越	(182,400)			

賃 金 給 料

諸　　　　口	(3,927,000)	前 月 繰 越	(526,000)	
次 月 繰 越	(486,300)	仕 掛 品	(2,832,000)	
		製 造 間 接 費	(240,000)	順不問
		(賃 率 差 異)	(● 17,000)	
		製 造 間 接 費	(● 798,300)	
	(4,413,300)		(4,413,300)	
		前 月 繰 越	(486,300)	

製 造 間 接 費

材　　　　料	(71,200)	仕　掛　品	(2,419,000)
賃 金 給 料	(240,000)	(製造間接費配賦差異)	(● 11,800)
材　　　　料	(10,200)		
(材　　　　料)	(317,100)		
賃 金 給 料	(798,300)		
諸　　　　口	(994,000)		
	(2,430,800)		(2,430,800)

仕 　 掛 　 品

前 月 繰 越	(544,600)	仕　　掛　　品	(443,200)
材　　　　料	(1,901,900)	(作 業 く ず)	(14,000)
賃 金 給 料	(2,832,000)	製　　　　　品	(5,474,400)
製 造 間 接 費	(2,419,000)	次 月 繰 越	(● 2,209,100)
(仕　　掛　　品)	(443,200)		
	(8,140,700)		(8,140,700)
前 月 繰 越	(2,209,100)		

製 　 　 品

仕　掛　品	(● 5,474,400)	(売 上 原 価)	(3,187,700)
		次 月 繰 越	(● 2,286,700)
	(5,474,400)		(5,474,400)
前 月 繰 越	(2,286,700)		

売 　 上 　 原 　 価

製　　　　品	(● 3,187,700)	(月 次 損 益)	(3,187,700)

売 　 　 上

月 次 損 益	(4,680,000)	売　掛　金	(4,680,000)

原 価 計 算 表　　　　　　　　　　　　（単位：円）

指図書＃ / 摘要	＃101	＃102	＃103	＃101-R1	合　　計
月 初 仕 掛 品 原 価	544,600	—	—	—	544,600
直 接 材 料 費	562,300	621,500	648,700	69,400	1,901,900
直 接 労 務 費	● 883,200	902,400	844,800	201,600	2,832,000
製 造 間 接 費	754,400	● 770,800	721,600	172,200	2,419,000
小　　　　計	2,744,500	2,294,700	2,215,100	● 443,200	7,697,500
補　　修　　費	443,200	—	—	△443,200	0
合　　　　計	3,187,700	2,294,700	2,215,100	0	7,697,500
作 業 く ず 評 価 額	—	8,000	6,000	—	14,000
差　引　計	3,187,700	2,286,700	2,209,100	0	7,683,500
備　　　　　考	完　　成	完　　成	仕　掛　中	＃101へ賦課	

第1問

「原価計算基準」の内容に準拠した○×選択問題を出題しました。「原価計算基準」における各種用語の正確な意味や実務上の取り扱いに加え、例外事項に関する記述などについても意識して学習してみてください。

1．原価計算制度に関する問題です。実際原価計算制度であっても、必要ある場合には標準が設定され、これと実際との差異が分析、報告されることになります。本問は「原価計算基準」二からの出題になります。

2．非原価項目に関する問題です。経営目的に関連しない価値の減少については非原価項目とし、その中の一例に長期にわたり休止している設備があります。本問は「原価計算基準」五(一)からの出題になります。

3．製造原価要素の分類基準に関する問題です。形態別分類においては、原価要素は材料費、労務費、経費に属する各費目に分類されます。本問は「原価計算基準」八(一)からの出題になります。

4．原価の部門別計算に関する問題です。直接製造作業の行われる部門を製造部門といい、副産物の加工、包装品の製造等を行う、いわゆる副経営も製造部門とします。本問は「原価計算基準」一六(一)からの出題になります。

5．個別原価計算における作業くずの処理の問題です。作業くずは、これを総合原価計算の場合に準じて評価し、その発生部門の部門費から控除しますが、必要ある場合には当該製造指図書の直接材料費または製造原価から控除されます。本問は「原価計算基準」三六からの出題になります。

6．等級別総合原価計算に関する問題です。各等級製品の数量と等価係数をかけて積数を計算し、それをもとに完成品総合原価を計算します。この場合、完成品総合原価¥1,800,000のうち、S級製品1,200個に按分される金額が¥540,000になるため、S級製品の完成品単位原価は@¥450となります。本問は「原価計算基準」二二(二)からの出題になります。

第2問

製造業における仕訳の問題です。すべて過去問題を参考に出題しています。

1．先入先出法による材料の消費額の問題です。消費した1,500kgのうち、350kgは@¥480、残りの1,150kgは@¥520として計算します。

2．賃率差異に関する問題です。¥34,000という差異の金額の把握は容易ですが、借方差異か貸方差異かを明確に理解できているかが論点となります。本問の場合、予定消費額＜実際消費額ですので借方差異（不利差異）になります。

3．補助部門費の配賦の仕訳です。与えられた割合で2つの補助部門費を配賦します。A補

助部門費￥580,000は30%の￥174,000が第1製造部門費、70%の￥406,000が第2製造部門費に集計されます。同様に、B補助部門費￥1,140,000は60%の￥684,000が第1製造部門費、40%の￥456,000が第2製造部門費に集計されます。これらを合計すると、第1製造部門費への集計額が￥858,000、第2製造部門費への集計額が￥862,000になります。

4．自家用機械装置の製造に関する仕訳です。外部に販売する目的で製造したものでなくとも、自家用の機械装置の製造に対して特定製造指図書を発行して行う場合には、個別原価計算の方法で製造原価を算定します。本問では集計されている各数値を合計すれば製造原価を計算することができます。前月繰越￥60,000＋直接労務費￥331,000＋直接経費￥12,000＋製造間接費￥256,000＝￥659,000となります。

5．本問は売上返品が行われた際の基本的な仕訳になります。販売単価￥680×返品数量50個＝￥34,000の売上を消すと同時に、単位原価￥420×返品数量50個＝￥21,000の売上原価についても処理することになります。

6．工場会計が本社より独立している場合の工場側の減価償却費の仕訳です。特に経費勘定は設けられていないため、減価償却費は製造間接費として記入されます。製造間接費勘定は工場側にありますが、減価償却累計額勘定は本社にあるために、貸方は本社勘定になります。

第3問

総合原価計算における仕掛品勘定記入の問題です。なお、月末仕掛品の評価方法に関しては先入先出法を採用しています。本問では工程の終点で副産物が分離される状況を想定しており、この処理に関しても注意してください。

1．前月繰越(月初仕掛品)＝材料費￥60,800＋加工費￥50,800＝111,600

2．材料＝当月製造費用￥744,000

3．諸口(加工費)＝当月製造費用￥1,231,400

4．次月繰越(月末仕掛品の評価)については先入先出法で行う。

- 材料費＝$¥744,000 \times \dfrac{600 \text{個}}{4,500 \text{個}+100 \text{個}-400 \text{個}+600 \text{個}} = ¥93,000$

- 加工費＝$¥1,231,400 \times \dfrac{600 \text{個} \times 50\%}{4,500 \text{個}+100 \text{個}-400 \text{個} \times 50\%+300 \text{個} \times 50\%} = ¥78,600$

- 次月繰越(月末仕掛品)＝￥93,000＋￥78,600＝￥171,600

5．製品＝￥2,087,000－次月繰越￥171,600－副産物評価額￥25,400＝￥1,890,000

6．完成品単位原価＝製品￥1,890,000/4,500個＝@￥420

7．前月繰越(翌月の月初仕掛品)＝当月末仕掛品￥171,600

第4問

　本問は、個別原価計算の問題です。個別原価計算は、完全受注生産のように、個々の製品を区別して製造を行う製品に対して適用される原価計算であり、本問ではこうした製品の例として、完全受注の製造用設備機械を想定しています。本問は製造途中で修復可能な仕損が発生したため、補修指図書を発行する状況を想定しています。

　取引の順に仕訳・解説を示すと次の通りになります。

１．素材の仕入

　　　（借）材　　　　料　　2,212,900　　　　（貸）買　掛　金　2,212,900

２．賃金給料の支払い

　　　（借）賃　金　給　料　3,927,000　　　　（貸）諸　　　口　3,927,000

３．材料（主要材料）の消費

　　　（借）仕　掛　品　1,901,900　　　　（貸）材　　　料　1,973,100
　　　　　　製　造　間　接　費　71,200

　　直接材料費（仕掛品勘定）＝＃101（¥562,300）＋＃102（¥621,500）＋＃103（¥648,700）＋＃101-R1（¥69,400）＝¥1,901,900

　　間接材料費（製造間接費）＝¥71,200

４．賃金給料（直接工）の消費

　　　（借）仕　掛　品　2,832,000　　　　（貸）賃　金　給　料　3,072,000
　　　　　　製　造　間　接　費　240,000

　　直接労務費（仕掛品勘定）＝＃101（¥960×920時間＝¥883,200）＋＃102（¥960×940時間＝¥902,400）＋＃103（¥960×880時間＝¥844,800）＋＃101-R1（¥960×210時間＝¥201,600）＝¥2,832,000

　　間接労務費（製造間接費）＝¥960×250時間＝¥240,000

５．製造間接費の配賦

　　　（借）仕　掛　品　2,419,000　　　　（貸）製　造　間　接　費　2,419,000

　　製造間接費配賦率＝年間製造間接費予算額¥34,440,000／年間直接作業時間42,000時間＝820円/時間

　　製造間接費配賦額＝＃101（¥820×920時間＝¥754,400）＋＃102（¥820×940時間＝¥770,800）＋＃103（¥820×880時間＝¥721,600）＋＃101-R1（¥820×210時間＝¥172,200）＝¥2,419,000

6．棚卸減耗費の計上

（借）製 造 間 接 費　　　10,200　　　（貸）材　　　　料　　　10,200

主要材料の月末帳簿棚卸高＝前月繰越￥228,600＋当月購入￥1,898,700－当月消費
￥1,973,100＝￥154,200

棚卸減耗費＝月末帳簿棚卸高￥154,200－月末実地棚卸高￥144,000＝￥10,200

7．材料（補助材料）の消費

（借）製 造 間 接 費　　　317,100　　　（貸）材　　　　料　　　317,100

補助材料の当月消費高＝前月繰越￥41,300＋当月購入￥314,200（＝￥2,212,900－
￥1,898,700）－月末実地棚卸高￥38,400＝￥317,100

8．直接工の賃率差異の計上および間接工等の賃金給料の消費

（借）賃 率 差 異　　　17,000　　　（貸）賃 金 給 料　　　17,000
　　　製 造 間 接 費　　798,300　　　　　　賃 金 給 料　　798,300

直接工の賃金給料を勘定で示すと次のようになります。

賃金給料（直接工）

諸　　　口	3,124,500	前 月 繰 越	414,000
次 月 繰 越	378,500	仕 掛 品	2,832,000
		製 造 間 接 費	240,000
		賃 率 差 異	17,000
	3,503,000		3,503,000

間接工等の賃金給料を勘定で示すと次のようになります。

賃金給料（間接工）

諸　　　口	802,500	前 月 繰 越	112,000
次 月 繰 越	107,800	製 造 間 接 費	798,300
	910,300		910,300

9．その他製造間接費の計上および製造間接費配賦差異の振替

（借）製 造 間 接 費　　　994,000　　　（貸）諸　　　口　　　994,000
　　　製造間接費配賦差　　　11,800　　　　　　製 造 間 接 費　　　11,800
　　　異

製造間接費配賦差異＝予定配賦額￥2,419,000－（￥71,200＋￥240,000＋￥10,200＋
￥317,100＋￥798,300＋￥994,000）＝￥（－）11,800（借方差異）

10. 補修指図書＃101-R1 の製造指図書＃101 への賦課

 （借）仕 掛 品 443,200 （貸）仕 掛 品 443,200

原価計算表の補修指図書＃101-R1 に集計された補修費￥443,200 を＃101 に振り替えます。

11. 作業くずの評価額の処理

 （借）作 業 く ず 14,000 （貸）仕 掛 品 14,000

作業くずは、原価計算表においても、製造指図書＃102 からは￥8,000、製造指図書＃103 からは6,000 を控除することになります。

12. 製造指図書＃101、102 の完成

 （借）製 品 5,474,400 （貸）仕 掛 品 5,474,400

製造指図書＃101（￥3,187,700）＋製造指図書＃102（￥2,286,700）＝￥5,474,400 を仕掛品勘定から製品勘定へ振り替える。

13. 製造指図書＃101 の販売

 （借）売 掛 金 4,680,000 （貸）売 上 4,680,000
   売 上 原 価 3,187,700   製 品 3,187,700

製造指図書＃101 を販売したため、販売価格の￥4,680,000 を売上として計上すると同時に、その製造原価である￥3,187,700 を売上原価として計上する。

14. 収益・費用勘定の月次損益勘定への振替

 （借）売 上 4,680,000 （貸）月 次 損 益 4,680,000
   月 次 損 益 3,187,700   売 上 原 価 3,187,700

会場コード

受験番号

第212回簿記能力検定試験
1級　原価計算・工業簿記 解 答

得　点
点

制限時間
【1時間30分】

第1問（12点）　　　　　　　　　　　　　　　　@2点×6＝12点

（ア）	（イ）	（ウ）
真実の原価	経営管理者	能率の尺度
（エ）	（オ）	（カ）
補助経営部門	異種の製品	補修指図書

第2問（24点）　　　　　　　　　　　　　　　　@4点×6＝24点

	借　方　科　目	金　　額	貸　方　科　目	金　　額
1	仕　　掛　　品	892,000	外　注　加　工　賃	892,000
2	仕　　損　　費	163,000	仕　　掛　　品	163,000
3	第 2 工 程 仕 掛 品	9,720,000	第 1 工 程 仕 掛 品	9,720,000
4	仕　　掛　　品	4,733,300	第 1 製 造 部 門 費 第 2 製 造 部 門 費	2,764,500 1,968,800
5	能　率　差　異	21,600	仕　　掛　　品	21,600
6	賃　金　給　料	7,480,000	本　　　　　社	7,480,000

第3問 （20点）

●印＠4点×5＝20点

月 次 損 益

売 上 原 価	(● 2,133,000)	売 上	(● 3,780,000)
販 売 費	(54,000)		
製 造 間 接 費	(● 568,000)		
販 売 費	(● 72,800)		
一 般 管 理 費	(215,200)		
年 次 損 益	(● 737,000)		
	(3,780,000)		(3,780,000)

注 販売費は，上記以外の記入は不正解とする。

第4問 （44点）

●印＠4点×11＝44点

材 料

前 月 繰 越	(624,800)	(A 組 仕 掛 品)	(2,361,000)
買 掛 金	(4,369,200)	B 組 仕 掛 品	(1,869,000)
(現 金)	(47,800)	組 間 接 費	(● 328,500)
		次 月 繰 越	(483,300)
	(5,041,800)		(5,041,800)
前 月 繰 越	(483,300)		

賃 金 給 料

(当 座 預 金)	(2,294,400)	未 払 賃 金 給 料	(379,500)
預 り 金	(279,400)	A 組 仕 掛 品	(1,379,200)
未 払 賃 金 給 料	(306,400)	(B 組 仕 掛 品)	(856,600)
		組 間 接 費	(264,900)
	(2,880,200)		(2,880,200)

経 費

前 払 経 費	(81,000)	A 組 仕 掛 品	(223,700)
当 座 預 金	(475,800)	B 組 仕 掛 品	(150,500)
(減価償却累計額)	(● 163,000)	(組 間 接 費)	(249,600)
		前 払 経 費	(96,000)
	(719,800)		(719,800)

125

組　間　接　費

材　　　　　料	(	328,500)	A 組 仕 掛 品	(	590,100)
賃 金 給 料	(	264,900)	B 組 仕 掛 品	(	252,900)
経　　　　　費	(●	249,600)			
	(	843,000)		(	843,000)

A　組　仕　掛　品

前 月 繰 越	(	430,100)	A 組 製 品	(	4,680,000)
材　　　　　料	(	2,361,000)	(副 産 物)	(	27,500)
賃 金 給 料	(	1,379,200)	次 月 繰 越	(●	276,600)
経　　　　　費	(	223,700)			
組 間 接 費	(	590,100)			
	(	4,984,100)		(	4,984,100)
前 月 繰 越	(	276,600)			

A　組　製　品

前 月 繰 越	(	528,000)	売 上 原 価	(	4,464,000)
(A 組 仕 掛 品)	(	4,680,000)	次 月 繰 越	(	744,000)
	(	5,208,000)		(	5,208,000)
前 月 繰 越	(	744,000)			

B　組　仕　掛　品

前 月 繰 越	(	240,000)	(B 組 製 品)	(	3,012,000)
材　　　　　料	(	1,869,000)	次 月 繰 越	(	357,000)
賃 金 給 料	(●	856,600)			
経　　　　　費	(	150,500)			
組 間 接 費	(	252,900)			
	(	3,369,000)		(	3,369,000)
前 月 繰 越	(	357,000)			

B　組　製　品

前 月 繰 越	(	363,000)	売 上 原 価	(●	2,775,000)
B 組 仕 掛 品	(	3,012,000)	次 月 繰 越	(	600,000)
	(	3,375,000)		(	3,375,000)
前 月 繰 越	(	600,000)			

A組原価計算表

摘　要	金　　額	
月 初 仕 掛 品		
直 接 材 料 費	(226,400)	
加 工 費	(203,700)	(430,100)
当 月 製 造 費 用		
組 直 接 費		
直 接 材 料 費	(2,361,000)	
直 接 労 務 費	(1,379,200)	
直 接 経 費	(223,700)	
組間接費配賦額	(● 590,100)	(4,554,000)
合　　　計		(4,984,100)
月 末 仕 掛 品		
直 接 材 料 費	(188,880)	
加 工 費	(87,720)	(276,600)
副 産 物 評 価 額		(27,500)
完 成 品 原 価		(● 4,680,000)
完 成 品 数 量		(5,000個)
単 位 原 価		(@¥ 936)

B組原価計算表

摘　要	金　　額	
月 初 仕 掛 品		
直 接 材 料 費	(131,600)	
加 工 費	(108,400)	(240,000)
当 月 製 造 費 用		
組 直 接 費		
直 接 材 料 費	(1,869,000)	
直 接 労 務 費	(856,600)	
直 接 経 費	(150,500)	
組間接費配賦額	(252,900)	(3,129,000)
合　　　計		(3,369,000)
月 末 仕 掛 品		
直 接 材 料 費	(267,000)	
加 工 費	(● 90,000)	(357,000)
完 成 品 原 価		(3,012,000)
完 成 品 数 量		(4,000個)
単 位 原 価		(@¥● 753)

第1問

　従来通り「原価計算基準」の内容からの出題ですが，今回は二肢択一形式で出題しました。受験生は決して勘に頼った解答をせず，よく吟味して解答をしてほしいものです。またいつものことですが，単に「原価計算基準」を丸暗記するのではなく，基本概念を中心に理解してもらいたいものです。

1．「原価計算基準」冒頭の「原価計算基準の設定について」からの出題です。206回に引き続いての出題です。

2．「原価計算基準」四（一）2からの出題です。

3．「原価計算基準」十六（二）からの出題です。

4．「原価計算基準」二九からの出題です。

5．「原価計算基準」三五（一）からの出題です。個別原価計算における仕損費の処理のうち，最も基本的なものを出題しました。

第2問

　製造業における仕訳の問題です。今回はすべて過去問題を参考に出題してあります。

1．直接経費である外注加工賃に関する問題です。消費額は￥987,000－￥53,000－￥42,000＝￥892,000となります。前払と未払が混在していることに注意してください。直接経費なので，仕掛品勘定へ振り替えます。

2．個別原価計算における仕損費の処理に関する仕訳問題です。第4問の個別原価計算の総合問題では，仕損費勘定を設けずに仕掛品勘定間の振替仕訳で処理させることが多いですが，本問では仕損費勘定を用いた場合を問うています。

3．工程別総合原価計算において，第1工程完了品の製造原価を第2工程に振り替えるときの仕訳問題です。最近よく出題される副産物や半製品などは無いので，平易な問題といえます。

4．部門別計算における第三次配賦手続きを予定配賦率で行う仕訳問題です。計算も平易なので，勘定連絡が理解できていれば難しくないと考えます。

5．標準原価差異のうち，能率差異の計上に関する問題です。能率差異の計算にはいくつかの異なる方法がありますが，今回は最もポピュラーである変動費と固定費双方から生じる場合を出題しました。標準直接作業時間と実際直接作業時間との差に標準配賦率を乗じて計算します。すなわち，（870時間－888時間）×￥1,200＝￥21,600という不利差異（借方差異）となります。

6．本社工場会計の工場側の仕訳です。工場従業員に対する給与（賃金給料勘定）の支払い時の問題です。賃金給料勘定以外はすべて本社側にある勘定科目となります。

第3問

　直接原価計算制度の場合の勘定記入に関する問題です。198回で初めて出題しましたが，今回が2回目となります。直接原価計算というと，損益計算書の作成と損益分岐点売上数量などを計算する問題が多く出題されてきました。しかし，直接原価計算といえども勘定間の振替関係を明確に理解することも重要であるとのことから今回出題しました。

　198回では仕掛品勘定と月次損益勘定への勘定記入を問いましたが，今回は月次損益勘定への記入のみとしました。問題文の指示に従って解き，売上原価の計算を間違えなければ，8割は取れる形にしたつもりです。本問のポイントは3つあります。

　①　まず，売上原価の計算がきちんとできたかどうかです。本問では2,000個の変動製造原価を計算することになりますが，月次損益勘定に振替えられるのは当月販売分の1,800個分であるという点に注意してください。仕掛品勘定や製品勘定を実際に書き出して考えるといいでしょう。

　変動製造原価の合計額：¥874,000＋¥280,000＋¥653,000＋¥371,000＋¥192,000＝¥2,370,000

　製造単位原価：¥2,370,000÷2,000個＝@¥1,185

　売上原価の金額：@¥1,185×1,800個＝¥2,133,000

　②　次に，製造間接費の中の固定費の扱いに注意することです。直接原価計算では，固定費は製造原価計算から除外されるため，全額その期（その月）の期間費用として損益計算書に計上されます。一旦，製造間接費勘定に集計したのち，変動費部分は仕掛品勘定に振り替えますが，固定費部分は月次損益勘定に振り替えることになります。

　変動製造間接費の金額：¥280,000＋¥371,000＋¥192,000＝¥843,000

　固定製造間接費の金額：¥　75,000＋¥259,000＋¥234,000＝¥568,000

　参考までに仕訳を示しておきます。

　　　　　　（借）仕　　掛　　品　843,000　　　（貸）製　造　間　接　費　1,411,000
　　　　　　　　　月　次　損　益　568,000

　③　最後に，販売費の振り替えに注意することです。販売費においても，変動費部分は貢献利益計算に組み込まれるので，振り替えも変動費部分（¥54,000）と固定費部分（¥72,800）を明確に分けて行う必要が生じます。こうしておいた方が，最後に月次損益計算書を作成するときにわかりやすくなると考えられます。したがって，問題の指示に従わずに販売費の固定費部分を先に振り替えた場合は，誤答としました。参考までに仕訳を示しておきます。

　　　　　　　　　（借）月　次　損　益　　　54,000　　　（貸）販　　　売　　　費　　　54,000
　　　　　　　　　（借）月　次　損　益　　　72,800　　　（貸）販　　　売　　　費　　　72,800

この他の数値の計算は以下の通りです

　一般管理費：資料の¥215,200を記入します。

　売上：¥2,100×1,800個＝¥3,780,000を記入します。

　年次損益：月次損益勘定の貸借差額¥737,000（当月営業利益）を記入します。

　いずれにしても，今後このような形で再び出題されることもあると思うので，よく復習をしてください。

第212回1級工簿ー解説2

129

第4問

　今回は組別総合原価計算に具体性を持たせるために，日本酒と焼酎という具体的な製品を設定し，副産物として酒粕を登場させました。以下，資料・取引の順に仕訳・解説を示します。

　a．月初勘定残高の金額を当該勘定の前月繰越の金額欄に記入します。また，A組仕掛品およびB組仕掛品の内訳金額（直接材料費と加工費）については，A組原価計算表とB組原価計算表にも記入します。

　b．（借）未 払 賃 金 給 料　　379,500　　（貸）賃　金　給　料　　379,500

　c．（借）経　　　　　　費　　 81,000　　（貸）前　払　経　費　　 81,000

　一連の取引については，次のとおりになります。

1．（借）材　　　　　　料　4,417,000　　（貸）買　　掛　　金　4,369,200
　　　　　　　　　　　　　　　　　　　　　　　　現　　　　金　　 47,800

2．（借）A 組 仕 掛 品　2,361,000　　（貸）材　　　　料　4,558,500
　　　　B 組 仕 掛 品　1,869,000
　　　　組 間 接 費　　 328,500

　組間接費の金額は，月末棚卸高¥483,300を次月繰越欄に記入したあと，材料勘定で貸借差額を求めればいいでしょう。

3．（借）賃 金 給 料　2,573,800　　（貸）当　座　預　金　2,294,400
　　　　　　　　　　　　　　　　　　　　　　　預　　り　　金　　 279,400

4．（借）賃 金 給 料　　 306,400　　（貸）未 払 賃 金 給 料　　 306,400
　　（借）A 組 仕 掛 品　1,379,200　　（貸）賃　金　給　料　2,500,700
　　　　B 組 仕 掛 品　　 856,600
　　　　組 間 接 費　　　 264,900

　B組仕掛品への振替額は，月末未払額，A組仕掛品への振替額，組間接費を賃金給料勘定に転記したあとで，貸借差額を求めればいいでしょう。

5．（借）経　　　　　　費　　 475,800　　（貸）当　座　預　金　　 475,800

6．（借）経　　　　　　費　　 163,000　　（貸）減 価 償 却 累 計 額　 163,000

　当月分の減価償却費＝¥1,956,000÷12か月＝¥163,000

7．（借）前　払　経　費　　 96,000　　（貸）経　　　　　費　　 96,000
　　（借）A 組 仕 掛 品　　 223,700　　（貸）経　　　　　費　　 623,800
　　　　B 組 仕 掛 品　　 150,500
　　　　組 間 接 費　　　 249,600

　組間接費の金額は，月末前払額，A組仕掛品への振替額，B組仕掛品への振替額を経費勘定に転記したあとで，貸借差額を求めればいいでしょう。

8．（借）A 組 仕 掛 品　　 590,100　　（貸）組 間 接 費　　 843,000
　　　　B 組 仕 掛 品　　 252,900

　A組への組間接費の配賦額＝¥843,000×70％＝¥590,100

　B組への組間接費の配賦額＝¥843,000×30％＝¥252,900

　以上より，A組仕掛品勘定とB組仕掛品勘定の借方を見ながら，原価計算表の当月製造費用の部分に転記する。

9. （借）　Ａ　組　製　品　　4,680,000　　　（貸）　Ａ　組　仕　掛　品　　4,680,000
　　（借）　Ｂ　組　製　品　　3,012,000　　　（貸）　Ｂ　組　仕　掛　品　　3,012,000

（１）Ａ組月末仕掛品原価の計算（先入先出法）

　　ここでは原価計算表を利用して計算します。先入先出法では，月末仕掛品は当月投入分からのみ発生すると考えられます。直接材料費分における当月投入分は5,000個，加工費分における当月投入分は5,000個となります。計算上，副産物は控除せずに月末仕掛品原価を求めます。完成品原価を計算するときに，副産物評価額を控除します。

① 直接材料費＝¥2,361,000×$\dfrac{400個}{5,000個}$＝¥188,880

② 加工費＝¥（1,379,200＋223,700＋590,100）×$\dfrac{200個}{5,000個}$＝¥87,720

　　Ａ組月末仕掛品原価＝¥188,880＋¥87,720＝¥276,600
　　Ａ組完成品原価＝¥430,100＋¥4,554,000－¥276,600－評価額¥27,500＝¥4,680,000
　　Ａ組完成品単位原価＝¥4,680,000÷5,000個＝¥936

（２）Ｂ組月末仕掛品原価の計算（先入先出法）

　　ここでは原価計算表を利用して計算します。Ａ組仕掛品と同様，月末仕掛品は当月投入分からのみ発生すると考えられます。直接材料費分における当月投入分は4,200個，加工費分における当月投入分は4,200個となります。

① 直接材料費＝¥1,869,000×$\dfrac{600個}{4,200個}$＝¥267,000

② 加工費＝¥（856,600＋¥150,500＋252,900）×$\dfrac{300個}{4,200個}$＝¥90,000

　　Ｂ組月末仕掛品原価＝¥267,000＋¥90,000＝¥357,000
　　Ｂ組完成品原価＝¥240,000－¥3,129,000－¥357,000＝¥3,012,000
　　Ｂ組完成品単位原価＝¥3,012,000÷4,000個＝¥753

10. （借）　副　　産　　物　　27,500　　　（貸）　Ａ　組　仕　掛　品　　27,500
11. （借）　売　　掛　　金　　5,664,000　　（貸）　売　　　　　　上　　5,664,000
　　（借）　売　上　原　価　　4,464,000　　（貸）　Ａ　組　製　品　　4,464,000
　　売　上＝¥1,180×4,800個＝¥5,664,000
　　売上原価（平均法）
　　　1個あたり原価は，¥（528,000＋4,680,000）÷（600＋5,000）個＝¥930と計算されます。したがって，売上原価は¥930×4,800個＝¥4,464,000と計算されます。
12. （借）　売　　掛　　金　　3,811,000　　（貸）　売　　　　　　上　　3,811,000
　　（借）　売　上　原　価　　2,775,000　　（貸）　Ｂ　組　製　品　　2,775,000
　　売　上＝¥1,030×3,700個＝¥3,811,000
　　売上原価（平均法）
　　　1個あたり原価は，¥（363,000＋3,012,000）÷（500＋4,000）個＝¥750と計算されます。したがって，売上原価は¥750×3,700個＝¥2,775,000と計算されます。

※氏名は記入しないこと。

会場コード

得　点

第213回簿記能力検定試験

1級　原価計算・工業簿記 解　答

受験番号

点

制限時間
【1時間30分】

第1問（12点）

@2点×6＝12点

（ア）	（イ）	（ウ）
半製品	補助部門	形態別
（エ）	（オ）	（カ）
連産品	新製造指図書	記帳の簡略化・迅速化

第2問（24点）

@4点×6＝24点

	借　方　科　目	金　額	貸　方　科　目	金　額
1	仕　掛　品	1,485,600	材　料	1,485,600
2	製　造　間　接　費	1,200,000	工　場　消　耗　品	1,200,000
3	賃　金　給　料	3,143,000	当　座　預　金 預　り　金	2,740,000 403,000
4	製　　品 副　産　物	3,195,000 93,000	第　2　工　程　仕　掛　品	3,288,000
5	仕　損　品 仕　損　費	43,000 519,000	仕　掛　品	562,000
6	製　　品	210,000	本　社	210,000

第3問（16点）

●印@4点×4＝16点

連産品原価計算表

製品名	正常市価	等価係数	生産量	積数	あん分原価	単位原価
X製品	@¥　400	1	3,500kg	3,500	¥　840,000	@¥　240
Y製品	@¥ 1,600	4	1,200kg	4,800	¥●1,152,000	@¥　960
Z製品	@¥ 1,200	3	2,200kg	6,600	¥　1,584,000	@¥● 720
				14,900	¥　3,576,000	

X　　製　　品

借　　　方	金　　額	貸　　　方	金　　額
前　月　繰　越	128,000	（売　上　原　価）	（●　871,200）
（仕　　掛　　品）	（●　840,000）	次　月　繰　越	（　96,800）
	（　968,000）		（　968,000）
前　月　繰　越	（　96,800）		

第4問（48点）

●印@4点×12＝48点

第 1 工 程 仕 掛 品

前　月　繰　越	（　366,000）	（第2工程仕掛品）	（　1,599,000）
材　　　　料	（　1,080,000）	半　　製　　品	（　205,000）
（賃　　金）	（　611,200）	次　月　繰　越	（　506,400）
経　　　費	（●　253,200）		
	（　2,310,400）		（　2,310,400）
前　月　繰　越	（　506,400）		

第 2 工 程 仕 掛 品

前　月　繰　越	（　456,000）	製　　　　品	（●　2,709,000）
賃　　　金	（●　897,800）	（副　産　物）	（　31,600）
（経　　　費）	（　397,000）	次　月　繰　越	（　609,200）
第1工程仕掛品	（　1,599,000）		
	（　3,349,800）		（　3,349,800）
前　月　繰　越	（　609,200）		

製　　　　品

前 月 繰 越	(	608,000)	(売 上 原 価)	(●	2,543,000)
(第2工程仕掛品)	(	2,709,000)	次 月 繰 越	(	774,000)
	(	3,317,000)		(	3,317,000)
前 月 繰 越	(	774,000)			

半　製　品

前 月 繰 越	(	60,000)	(半製品売上原価)	(	224,000)
(第1工程仕掛品)	(●	205,000)	次 月 繰 越	(●	41,000)
	(	265,000)		(	265,000)
前 月 繰 越	(	41,000)			

副　産　物

前 月 繰 越	(	9,000)	副産物売上原価	(	27,960)
第2工程仕掛品	(	31,600)	次 月 繰 越	(	12,640)
	(	40,600)		(	40,600)
前 月 繰 越	(	12,640)			

売　上　原　価

製　　　品	(	2,543,000)	(月 次 損 益)	(	2,543,000)

半 製 品 売 上 原 価

(半　製　品)	(	224,000)	月 次 損 益	(	224,000)

副 産 物 売 上 原 価

副　産　物	(	27,960)	(月 次 損 益)	(	27,960)

工程別原価計算表

摘　　要	第 1 工 程	第 2 工 程	合　　計
当月製造費用			
直 接 材 料 費	(　　　1,080,000)	(　　　　—　　　)	(　　　1,080,000)
加 　 工 　 費	(　　　　864,400)	(　　　1,294,800)	(　　　2,159,200)
前 　 工 　 程 　 費	(　　　　—　　　)	(　　　1,599,000)	(　　　1,599,000)
計	(　　　1,944,400)	(　　　2,893,800)	(● 　　4,838,200)
月初仕掛品原価			
直 接 材 料 費	(　　　　258,000)	(　　　　—　　　)	(　　　　258,000)
加 　 工 　 費	(　　　　108,000)	(　　　　132,000)	(　　　　240,000)
前 　 工 　 程 　 費	(　　　　—　　　)	(　　　　324,000)	(　　　　324,000)
計	(　　　　366,000)	(　　　　456,000)	(　　　　822,000)
月末仕掛品原価			
直 接 材 料 費	(　　　　356,800)	(　　　　—　　　)	(　　　　356,800)
加 　 工 　 費	(●　　　149,600)	(　　　　199,200)	(　　　　348,800)
前 　 工 　 程 　 費	(　　　　—　　　)	(●　　　410,000)	(　　　　410,000)
副 産 物 評 価 額	(　　　　—　　　)	(　　　　31,600)	(　　　　31,600)
工 程 完 成 品 原 価	(●　　1,804,000)	(　　　2,709,000)	(　　　4,513,000)
工 程 完 成 品 数 量	(　　　　4,400)個	(　　　　3,500)個	—
工 程 完 成 品 単 価	(@●　　　　410)	(@●　　　　774)	—
次 工 程 振 替 額	(　　　1,599,000)	—	—

第1問

　「原価計算基準」の内容に準拠した語句選択問題を出題しました。「原価計算基準」における各種用語の正確な意味や実務上の取り扱いに加え、例外事項に関する記述などについても意識して学習してみてください。

1．原価計算の一般的基準に関する問題です。基本的には製品、仕掛品、半製品が原価計算対象となります。本問は「原価計算基準」三（二）からの出題になります。

2．原価部門の設定に関する問題です。直接製造作業の行われる部門を製造部門、製造部門に対して補助的関係にある部門を補助部門といいます。本問は「原価計算基準」一六からの出題になります。

3．原価の費目別計算に関する問題です。原価要素は原則として形態別分類を基礎とし、これを直接費と間接費に大別し、必要に応じて機能別分類を加味することとなります。本問は「原価計算基準」十からの出題になります。

4．連産品の計算に関する問題です。同一工程において同一材料から生産される異種の製品で、相互に主副が明確に区別できないものは連産品となります。本問は「原価計算基準」二九からの出題になります。

5．仕損費の計算および処理の問題です。仕損が補修によって回復できる場合は補修指図書に集計された製造原価を仕損費とし、本問のように補修によって回復できない場合は代品指図書を発行し原価を集計します。本問は「原価計算基準」三五からの出題になります。

6．標準原価計算の目的に関する問題です。標準原価計算の目的には原価管理のほかに、標準原価を勘定組織の中に組み入れることによって記帳を簡略化し迅速化するという目的があります。本問は「原価計算基準」四十（四）からの出題になります。

第2問

　製造業における仕訳の問題です。すべて過去問題を参考に出題しています。

1．先入先出法による材料の消費額の問題です。消費した2,200kgのうち、520kgは@¥660、残りの1,680kgは@¥680として計算します。

2．工場消耗品の消費に関する問題です。月初棚卸高¥113,000＋当月購入高¥1,233,000－月末棚卸高¥146,000＝¥1,200,000が消費額となり、製造間接費勘定に振替えられます。

3．賃金の支払いに関する問題です。総支給額の¥3,143,000から社会保険料および所得税等の¥403,000を差し引いた¥2,740,000が当座預金から支払われることとなります。

4．副産物の処理に関する問題です。第2工程の終点時点で集計されていた¥3,288,000から副産物の評価額¥93,000を控除した¥3,195,000が主産物の完成品総合原価として製品勘定に振替えられます。

5．本問は仕損が補修によって回復不能（全部仕損）のため、代品製造のための製造指図書を発行した場合の問題です。旧製造指図書である＃101に集計された製造原価￥562,000から見積売却価額￥43,000を控除した￥519,000を仕損費として処理します。

6．工場会計が本社より独立している場合の工場側の返品の仕訳です。倉庫および製品勘定は工場に設けられているため、返品が発生した際、製品は工場に戻ってきます。対して販売は本社が行っているため、貸方は本社勘定になります。

第3問

　連産品原価計算表の問題です。製品はX、Y、Zの三種類がありますが、連産品なので、最初にまとめて連結原価を計算した後、各製品ごとにあん分することとなります。

　まず、等価係数は正常市価を基準で決められているため、X製品の@￥400を1とすると、@￥1,600のY製品は4、@￥1,200のZ製品は3となります。これらに各製品の生産量（X製品3,500kg、Y製品1,200kg、Z製品2,200kg）を掛けると、X製品3,500、Y製品4,800、Z製品6,600、合計14,900という積数が計算できます。

　連結原価は、月初仕掛品￥518,000＋材料費￥1,635,000＋賃金給料￥1,429,000＋経費￥662,000－月末仕掛品￥668,000 円＝3,576,000 円と計算することができます。これを積数に応じて各製品にあん分します。

● X製品：$¥3,576,000 \times \dfrac{3,500}{14,900} = ¥840,000$

● Y製品：$¥3,576,000 \times \dfrac{4,800}{14,900} = ¥1,152,000$

● Z製品：$¥3,576,000 \times \dfrac{6,600}{14,900} = ¥1,584,000$

このあん分原価を各製品の生産量で割ると単位原価が計算できます。

● X製品：￥840,000÷3,500kg＝@￥240
● Y製品：￥1,152,000÷1,200kg＝@￥960
● Z製品：￥1,584,000÷2,200kg＝@￥720

　X製品勘定については、借方に前月繰越￥128,000円と上で計算した仕掛品勘定からの振替え￥840,000が記入され、合計￥968,000となります。売上原価の計算は平均法であるため、この合計額のうち当月販売数量 3,600 kg分の￥871,200が売上原価に、月末棚卸数量400kg分の￥96,800が次月繰越となります。

第4問

　本問は、2つの工程を経て汎用的な製品を大量生産している企業が工程別総合原価計算を採用している場合の問題です。解答にあたり、まず、資料に示されている月初有高の金額を工程別原価計算表および該当するそれぞれの勘定に記入します。製品は¥608,000（¥760×800個）、月初半製品は¥60,000（¥400×150個）、月初副産物が¥9,000（¥150×60個）となり、第1工程月初仕掛品は¥366,000（直接材料費¥258,000＋加工費¥108,000）、第2工程月初仕掛品は¥456,000（直接材料費¥324,000＋加工費¥132,000）となります。

　取引の順に解説を示していくと下記の通りになります。

1．第1工程の材料の消費

　　（借）　第 1 工程仕掛品　　1,080,000　　　（貸）　材　　　　料　　1,080,000

　　材料払出高は総平均法によって計算するため、受入の数量と金額をもとに単価を計算。

①月初棚卸高	800 個	×	@¥218	=	¥174,400
②当月仕入高	5,600 個	×	@¥226	=	¥1,265,600
合　　計	6,400 個				¥1,440,000

　　これにより、¥1,440,000÷6,400個＝@¥225という払出単価が計算できる。払出数量は4,800個であるため、4,800個×@¥225＝1,080,000という材料の消費額が計算できます。

2．賃金の消費

　　（借）　第 1 工程仕掛品　　　611,200　　　（貸）　賃　　　　金　　1,509,000
　　　　　　第 2 工程仕掛品　　　897,800

　　賃金消費高は当月支払高¥1,497,000－月初未払高¥182,000＋月末未払高¥194,000＝¥1,509,000と計算でき、問題の設定から第1工程消費高が¥611,200であるため、第2工程の賃金消費高＝¥1,509,000－¥611,200＝¥897,800と計算できます。

3．経費の消費

　　（借）　第 1 工程仕掛品　　　253,200　　　（貸）　経　　　　費　　　650,200
　　　　　　第 2 工程仕掛品　　　397,000

　　経費消費高は当月支払高¥563,100＋月初前払高¥54,200－月末前払高¥51,100＋当月の減価償却費¥84,000＝¥650,200と計算でき、問題の設定から第2工程の消費高が¥397,000であるため、第1工程の経費消費高＝¥650,200－¥397,000＝¥253,200と計算できます。

4．第1工程の完了

（借）第 2 工程仕掛品　　1,890,000　　（貸）第 1 工程仕掛品　　2,100,000
　　　半　製　品　　　　210,000

　資料にもある通り、第 1 工程の月末仕掛品原価は平均法で計算します。直接材料費は工程の始点ですべて投入されているために、加工進捗度を考慮する必要はありませんが、加工費は製造の進行に応じて消費されるので、加工進捗度を加味する必要があります。

① 直接材料費＝（¥258,000＋¥1,080,000）×$\frac{1,600 個}{6,000 個}$＝¥356,800

② 加工費＝（¥108,000＋¥611,200＋¥253,200）×$\frac{800 個}{5,200 個}$＝¥149,600

　この結果、第 1 工程の月末仕掛品原価は¥506,400 となり、投入合計額¥2,310,400 から控除すると、第 1 工程の完成品総合原価¥1,804,000 が計算できます。これを第 1 工程完成品数量4,400 個で割ると、単位原価@¥410 が計算できます。このうち、3,900 個が第 2 工程に引き渡され、500 個が半製品として保管されたため、第 2 工程仕掛品への振替額¥1,599,000（@¥410×3,900 個）と半製品への振替額¥205,000（@¥410×500 個）が計算できます。

5．第2工程の完了

（借）製　　　　　品　　2,709 ,000　　（貸）第 2 工程仕掛品　　2,740,600
　　　副　産　物　　　　31,600

　第 2 工程の月末仕掛品原価は下記の通りに先入先出法で計算します。

① 前工程費＝¥1,599,000×$\frac{1,000 個}{3,900 個}$＝¥410,000

② 加工費＝（¥897,800＋¥397,000）×$\frac{600 個}{3,900 個}$＝¥199,200

　この結果、第 2 工程の月末仕掛品原価は¥609,200 となり、これを投入合計額¥3,349,800 から控除すると¥2,740,600、ここから副産物評価額¥31,600 を控除すると、完成品総合原価¥2,709,000 が計算できます。完成品数量は3,500 個なので、完成品単価＝¥2,709,000÷3,500 個＝@¥774 が計算できます。

6．製品の売上高と売上原価の計上

（借）売　　掛　　金　　4,884,000　　（貸）売　　　　　上　　4,884,000
　　　売　上　原　価　　2,543,000　　　　　製　　　　　品　　2,543,000

　製品の売上高＝¥1,480×3,300 個＝¥4,884,000

　資料にもある通り、製品の払出高の計算は先入先出法によっているため、製品の売上原価は下記の通りになります。

①前月繰越	800 個	×	@¥760	=	¥608,000
②当月完成	2,500 個	×	@¥774	=	¥1,935,000
合　計	3,300 個				¥2,543,000

これにより、製品売上原価は¥2,543,000と計算できます。

7．半製品の売上高と売上原価の計上

　　（借）売　掛　金　　429,000　　　　（貸）半 製 品 売 上　　429,000
　　　　　半製品売上原価　224,000　　　　　　半　製　品　　224,000

　　半製品の売上高＝¥780×550個＝¥429,000

　　半製品の払出高の計算も先入先出法によっているため、製品の売上原価は下記の通りになります。

①前月繰越	150 個	×	@¥400	=	¥60,000
②当月完成	400 個	×	@¥410	=	¥164,000
合　計	550 個				¥224,000

　　これにより、半製品売上原価は¥224,000と計算できます。

8．副産物の売上高と売上原価の計上

　　（借）現　　　　　金　　48,000　　　　（貸）副 産 物 売 上　　48,000
　　　　　副産物売上原価　27,960　　　　　　副　産　物　　27,960

9．費用の月次損益勘定への振替

　　（借）月　次　損　益　2,794,960　　　　（貸）売　上　原　価　2,543,000
　　　　　　　　　　　　　　　　　　　　　　　　半製品売上原価　　224,000
　　　　　　　　　　　　　　　　　　　　　　　　副産物売上原価　　27,960

ご　注　意

① 本書は，「著作権法」によって，著作権等の権利が保護されている著作物です。無断で転載，複写されると，著作権等の権利侵害となります。上記のような使い方をされる場合には，あらかじめ当協会宛に許諾を求めてください。

② 本書の内容に関しては訂正・改善のため，将来予告なしに変更することがあります。
本書の内容について訂正がある場合は，ホームページにて公開いたします。
本書発刊後の法改正資料・訂正資料等の最新情報なども含みます。

③ 本書の内容については万全を期して作成いたしましたが，万一ご不審な点や誤り，記載漏れなどお気づきのことがありましたら，当協会宛にご連絡ください。
過去問題は，当該年度の出題範囲の基準により作成しています。本年度の検定試験は別表の出題範囲にあわせて問題作成いたします。

④ 落丁・乱丁本はお取り替えいたします。

⑤ 誤りでないかと思われる個所のうち，正誤表掲載ページに記載がない場合は，
　　・「**誤りと思われる内容**（書名／級段／施行回数／ページ数／第〇問　等)」
　　・「**お名前**」　を明記のうえ**郵送またはメール**にてご連絡下さい。
回答までに時間を要する場合もございます。あらかじめご了承ください。
なお，<u>正誤のお問い合わせ以外の書籍内容に関する解説・受験指導等は，一切行っておりません。</u>

〒１７０−０００４　東京都豊島区北大塚１−１３−１２
　　　　　　　　　公益社団法人全国経理教育協会　検定管理課
　　　　　　　　　ＵＲＬ：https://www.zenkei.or.jp/
　　　　　　　　　メール：helpdesk@zenkei.or.jp

　　　メールフォーム　　　　　正誤表掲載ページ

簿記能力検定試験　第２０６回〜第２１３回　過去問題集　１級原価計算・管理会計
（旧：１級原価計算・工業簿記）

２０２４年４月１日　第十四版

編集・著作　公益社団法人　全国経理教育協会
表紙・カバーデザイン　欧文印刷株式会社
印刷・製本　　　　　　欧文印刷株式会社

発　行　元　　　公益社団法人　全国経理教育協会
　　　　　　　　〒170-0004　東京都豊島区北大塚 1-13-12

発　売　元　　　ネットスクール株式会社
　　　　　　　　〒101-0054　東京都千代田区神田錦町 3-23
　　　　　　　　電話　03-6823-6458（代表）

※氏名は記入しないこと。

会場コード

受験番号

【禁無断転載】

第206回簿記能力検定試験

1級 原価計算・工業簿記 解答用紙

得 点
点

制限時間
【1時間30分】

第1問採点

第1問 （12点）

（ア）	（イ）	（ウ）
（エ）	（オ）	（カ）

第2問採点

第2問 （24点）

	借 方 科 目	金 額	貸 方 科 目	金 額
1				
2				
3				
4				
5				
6				

第3問採点

第3問 （20点）

損益計算書（直接原価計算） 　　　（単位：円）

Ⅰ　売　　上　　高	（	）
Ⅱ　変 動 売 上 原 価	（	）
製 造 マ ー ジ ン	（	）
Ⅲ　変 動 販 売 費	（	）
貢 　 献 　 利 　 益	（	）
Ⅳ　固 　 　 定 　 　 費	（	）
営 　 業 　 利 　 益	（	）

損 益 分 岐 点 に お け る 販 売 数 量		個
当月損益計算書に対する安全余裕率（安全率）		％

第4問採点

第4問 （44点）

第 1 工 程 仕 掛 品

前 月 繰 越	（	）	（	）	（	）
材　　　　料	（	）	半　　製　　品	（	）
賃　　　　金	（	）	次 月 繰 越	（	）
（　　　　）	（	）			
	（	）		（	）
前 月 繰 越	（	）			

第 2 工 程 仕 掛 品

前 月 繰 越	（	）	製　　　　品	（	）
（　　　　）	（	）	次 月 繰 越	（	）
経　　　　費	（	）			
第 1 工 程 仕 掛 品	（	）			
材　　　　料	（	）			
	（	）		（	）
前 月 繰 越	（	）			

製　　　　　品

前 月 繰 越	( )	( )	( )
(　　　　)	( )	次 月 繰 越	( )
	( )		( )
前 月 繰 越	( )		

半　　製　　品

前 月 繰 越	( )	( )	( )
(　　　　)	( )	次 月 繰 越	( )
	( )		( )
前 月 繰 越	( )		

売　上　原　価

| 製　　　　品 | (   ) | (   ) | (   ) |

半 製 品 売 上 原 価

| 半　　製　　品 | (   ) | (   ) | (   ) |

売　　　　上

| 月 次 損 益 | (   ) | 売　掛　金 | (   ) |

半 製 品 売 上

| 月 次 損 益 | (   ) | (   ) | (   ) |

工程別原価計算表　　　　　　　　（単位：円）

摘　　要	第 1 工 程	第 2 工 程	合　　計
当月製造費用			
直 接 材 料 費	(　　　　　　　)	(　　　　　　　　)	(　　　　　　　)
加 　工 　費	(　　　　　　　)	(　　　　　　　　)	(　　　　　　　)
前 工 程 費	(　　　　　　　)	(　　　　　　　　)	(　　　　　　　)
計	(　　　　　　　)	(　　　　　　　　)	(　　　　　　　)
月初仕掛品原価			
直 接 材 料 費	(　　　　　　　)	(　　　　　　　　)	(　　　　　　　)
加 　工 　費	(　　　　　　　)	(　　　　　　　　)	(　　　　　　　)
前 工 程 費	(　　　　　　　)	(　　　　　　　　)	(　　　　　　　)
計	(　　　　　　　)	(　　　　　　　　)	(　　　　　　　)
月末仕掛品原価			
直 接 材 料 費	(　　　　　　　)	(　　　　　　　　)	(　　　　　　　)
加 　工 　費	(　　　　　　　)	(　　　　　　　　)	(　　　　　　　)
前 工 程 費	(　　　　　　　)	(　　　　　　　　)	(　　　　　　　)
工程完成品原価	(　　　　　　　)	(　　　　　　　　)	(　　　　　　　)
工程完成品数量	(　　　　　)個	(　　　　　)個	―
工程完成品単価	(@　　　　　)	(@　　　　　)	―
次 工 程 振 替 額	(　　　　　　　)	―	―

当月の売上総利益	円

※氏名は記入しないこと。

| 会場コード |
| 受験番号 |

【禁無断転載】

第207回簿記能力検定試験

1級 原価計算・工業簿記 解答用紙

得 点

点

制限時間
【1時間30分】

第1問採点

第1問 （12点）

ア	イ	ウ	エ	オ	カ

第2問採点

第2問 （24点）

	借 方 科 目	金 額	貸 方 科 目	金 額
1				
2				
3				
4				
5				
6				

第３問採点

第３問 （16点）

製 造 間 接 費

材　　　　料	（　　　　　）	仕　掛　品	（　　　　　）
材　　　　料	（　　　　　）	（　　　　　）	（　　　　　）
賃　金　給　料	（　　　　　）		
減価償却累計額	（　　　　　）		
電　力　料	（　　　　　）		
保　険　料	（　　　　　）		
	（　　　　　）		（　　　　　）

第４問採点

第４問 （48点）

材 　 料

前　月　繰　越	（　　　　　）	（　　　　　）	（　　　　　）
買　掛　金	（　　　　　）	加　工　費	（　　　　　）
（　　　　　）	（　　　　　）	販　売　費	（　　　　　）
		次　月　繰　越	（　　　　　）
	（　　　　　）		（　　　　　）
前　月　繰　越	（　　　　　）		

賃 　 金 　 給 　 料

当　座　預　金	（　　　　　）	未払賃金給料	（　　　　　）
預　り　金	（　　　　　）	加　工　費	（　　　　　）
未払賃金給料	（　　　　　）	（　　　　　）	
		販　売　費	（　　　　　）
	（　　　　　）		（　　　　　）

経 　 費

前　払　経　費	（　　　　　）	加　工　費	（　　　　　）
当　座　預　金	（　　　　　）	（　　　　　）	（　　　　　）
（　　　　　）	（　　　　　）	一　般　管　理　費	（　　　　　）
		前　払　経　費	（　　　　　）
	（　　　　　）		（　　　　　）

加　　工　　費

材　　　　料	（　　　　　　　）	仕　掛　品	（　　　　　　　）
賃　金　給　料	（　　　　　　　）		
賃　金　給　料	（　　　　　　　）		
経　　　　費	（　　　　　　　）		
	（　　　　　　　）		（　　　　　　　）

仕　　掛　　品

前　月　繰　越	（　　　　　　　）	X　製　品	（　　　　　　　）
材　　　　料	（　　　　　　　）	（　　　　　　）	（　　　　　　　）
加　　工　　費	（　　　　　　　）	次　月　繰　越	（　　　　　　　）
	（　　　　　　　）		（　　　　　　　）
前　月　繰　越	（　　　　　　　）		

総合原価計算表

摘　　　要	直接材料費	加　工　費	合　　　計
月初仕掛品原価	（　　　　　　）	（　　　　　　）	（　　　　　　）
当月製造費用	（　　　　　　）	（　　　　　　）	（　　　　　　）
合　　　計	（　　　　　　）	（　　　　　　）	（　　　　　　）
月末仕掛品原価	（　　　　　　）	（　　　　　　）	（　　　　　　）
完成品総合原価	（　　　　　　）	（　　　　　　）	（　　　　　　）
完成品単位原価	（@　　　　　）	（@　　　　　）	（@　　　　　）

等級別原価計算表

製　品	重　　量	等価係数	完成品数量	積　　数	あん分原価	単位原価
X製品	g	1	個		¥	@¥
Y製品	g		個		¥	@¥
					¥	

X　　製　　品

前　月　繰　越	（　　　　　　）	売　上　原　価	（　　　　　　）
（　　　　　　）	（　　　　　　）	次　月　繰　越	（　　　　　　）
	（　　　　　　）		（　　　　　　）
前　月　繰　越	（　　　　　　）		

Y　製　品

前 月 繰 越	(	)	(	)	(	)
仕 掛 品	(	)	次 月 繰 越	(	)
	(	)		(	)
前 月 繰 越	(	)			

販　売　費

材　　料	(	)	月 次 損 益	(	)
賃 金 給 料	(	)		
経　　費	(	)		
( )	(	)		
	(	)		(	)

一 般 管 理 費

経　　費	(	)	月 次 損 益	(	)
当 座 預 金	(	)		
	(	)		(	)

月 次 損 益 計 算 書

株式会社N製作所　　　　令和4年5月1日～5月31日　　　　（単位：円）

Ⅰ　売　上　高			( )
Ⅱ　売　上　原　価			
1.　月初製品棚卸高	( )		
2.　当月製品製造原価	( )		
合　　計	( )		
3.　月末製品棚卸高	( )	( )	
売 上 総 利 益		( )	
Ⅲ　販売費及び一般管理費			
1.　販　売　費	( )		
2.　一 般 管 理 費	( )	( )	
営 業 利 益		( )	

※氏名は記入しないこと。

| 会場コード |
| 受験番号 |

【禁無断転載】

第208回簿記能力検定試験
1級 原価計算・工業簿記 解答用紙

| 得 点 |
| 点 |

制限時間
【1時間30分】

第1問採点

第1問（12点）

（ア）	（イ）	（ウ）
（エ）	（オ）	（カ）

第2問採点

第2問（24点）

	借 方 科 目	金 額	貸 方 科 目	金 額
1				
2				
3				
4				
5				
6				

第3問採点

第3問 （16点）

仕掛－直接材料費

前 月 繰 越	（　　　　）	製　　　品	（　　　　）
材　　　料	（　　　　）	（　　　）差 異	（　　　　）
（　　　）差 異	（　　　　）	**次 月 繰 越**	（　　　　）
	（　　　　）		（　　　　）
前 月 繰 越	（　　　　）		

第4問採点

第4問 （48点）

(1)

部 門 費 振 替 表

（単位：円）

摘　　　要	合　　　計	切削部門	組立部門	動力部門	管理部門
部 門 個 別 費					
間 接 材 料 費					
間 接 労 務 費					
間 接 経 費					
部門共通費配賦額					
部 門 費 合 計					
作業くず評価額					
差 引 計					
動 力 部 門 費					
管 理 部 門 費					
実 際 発 生 額					
予 定 配 賦 額					
部 門 費 差 異	（　　）	（　　）	（　　）		

部門費差異の行の（　）内には，借方差異ならば－を，貸方差異ならば＋を記入しなさい。

(2)

切 削 部 門 費

製 造 間 接 費	(	)	(	)	(	)
(	)	(	)	作 業 く ず	(	)
管 理 部 門 費	(	)	部 門 費 差 異	(	)
	(	)			(	)

動 力 部 門 費

(	)	(	)	切 削 部 門 費	(	)
				(	)	(	)
	(	)			(	)

仕 掛 品

前 月 繰 越	(	)	仕 掛 品	(	)
材 料	(	)	製 品	(	)
賃 金 給 料	(	)	(	)	(	)
経 費	(	)	**次 月 繰 越**	(	)
切 削 部 門 費	(	)		
組 立 部 門 費	(	)		
(	)	(	)		
	(	)		(	)
前 月 繰 越	(	)		

製 品

前 月 繰 越	(	)	(	)	(	)
(	)	(	)	**次 月 繰 越**	(	)
	(	)		(	)
前 月 繰 越	(	)		

売 上

(	)	(	)	(	)	(	)

(3)

指図書別原価計算表　　　　　　（単位：円）

摘　　　　要	指図書♯51	指図書♯52	指図書♯53	指図書♯51-R1	合　　　計
月初仕掛品原価					
直 接 材 料 費					
直 接 労 務 費					
直 接 経 費					
切 削 部 門 費					
組 立 部 門 費					
小　　　　計					
補　　修　　費					
合　　　　計					
作業くず評価額					
差　引　計					
備　　　　考	完　　成	完　　成	仕 掛 中	♯51へ賦課	

(4) 部門費差異の要因分析

　部門費総差異は￥【　　　　　　　】であり，【有利・不利】差異となっているが，その要因をさらに分析

すると次のようになる。すなわち，組立部門の部門費差異は￥【　　　　　　　】の【有利・不利】差異で

あった。しかし，切削部門の部門費差異は￥【　　　　　　　】の【有利・不利】差異であり，せっかく組立

部門で得た原価節約分を結果として打ち消してしまったと考えられる。したがって，今後は【切削・組立】

部門の製造間接費について，原価管理を徹底する必要があると考えられる。

※【　　　　　　　】欄には適切な金額を記入し，【有利・不利】欄と【切削・組立】欄については適切な方を○
で囲みなさい。

| 会場コード |
| 受験番号 |

得 点
点

制限時間
【1時間30分】

第1問（12点）

第1問採点

ア	イ	ウ	エ	オ	カ

第2問（24点）

第2問採点

	借 方 科 目	金 額	貸 方 科 目	金 額
1				
2				
3				
4				
5				
6				

第3問採点

第3問 （20点）

損益計算書（直接原価計算）　　（単位：円）

Ⅰ	売　上　高	（　　　　　　　）
Ⅱ	変　動　売　上　原　価	（　　　　　　　）
	製　造　マ　ー　ジ　ン	（　　　　　　　）
Ⅲ	変　動　販　売　費	（　　　　　　　）
	貢　献　利　益	（　　　　　　　）
Ⅳ	固　　定　　費	（　　　　　　　）
	営　業　利　益	（　　　　　　　）

損益分岐点における販売数量	個
目標営業利益￥2,700,000を達成する販売数量	個

第4問採点

第4問 （44点）

材　　料

前　月　繰　越	（　　　　　）	N組仕掛品	（　　　　　）
（　　　　　）	（　　　　　）	S組仕掛品	（　　　　　）
当　座　預　金	（　　　　　）	（　　　　　）	（　　　　　）
		次　月　繰　越	（　　　　　）
	（　　　　　）		（　　　　　）
前　月　繰　越	（　　　　　）		

賃　金　給　料

（　　　　　）	（　　　　　）	未払賃金給料	（　　　　　）
預　　り　　金	（　　　　　）	N組仕掛品	（　　　　　）
未払賃金給料	（　　　　　）	（　　　　　）	（　　　　　）
		組　間　接　費	（　　　　　）
	（　　　　　）		（　　　　　）

経　　費

前　払　経　費	（　　　　　）	（　　　　　）	（　　　　　）
（　　　　　）	（　　　　　）	S組仕掛品	（　　　　　）
減価償却累計額	（　　　　　）	組　間　接　費	（　　　　　）
		前　払　経　費	（　　　　　）
	（　　　　　）		（　　　　　）

組　間　接　費

材　　　　料	（　　　　　　）	（　　　　　　　　）	（　　　　　　　）
（　　　　　）	（　　　　　　）	S　組　仕　掛　品	（　　　　　　　）
経　　　　費	（　　　　　　）		
	（　　　　　　）		（　　　　　　　）

N　組　仕　掛　品

前　月　繰　越	（　　　　　　）	（　　　　　　　　）	（　　　　　　　）
材　　　　料	（　　　　　　）	次　月　繰　越	（　　　　　　　）
賃　金　給　料	（　　　　　　）		
経　　　　費	（　　　　　　）		
組　間　接　費	（　　　　　　）		
	（　　　　　　）		（　　　　　　　）
前　月　繰　越	（　　　　　　）		

N　組　製　品

前　月　繰　越	（　　　　　　）	（　　　　　　　　）	（　　　　　　　）
N　組　仕　掛　品	（　　　　　　）	次　月　繰　越	（　　　　　　　）
	（　　　　　　）		（　　　　　　　）
前　月　繰　越	（　　　　　　）		

S　組　仕　掛　品

前　月　繰　越	（　　　　　　）	S　組　製　品	（　　　　　　　）
（　　　　　）	（　　　　　　）	（　　　　　　　　）	（　　　　　　　）
賃　金　給　料	（　　　　　　）	次　月　繰　越	（　　　　　　　）
経　　　　費	（　　　　　　）		
（　　　　　）	（　　　　　　）		
	（　　　　　　）		（　　　　　　　）
前　月　繰　越	（　　　　　　）		

S　組　製　品

前　月　繰　越	（　　　　　　）	（　　　　　　　　）	（　　　　　　　）
（　　　　　）	（　　　　　　）	次　月　繰　越	（　　　　　　　）
	（　　　　　　）		（　　　　　　　）
前　月　繰　越	（　　　　　　）		

N組原価計算表

摘　　要	金	額
月 初 仕 掛 品		
直 接 材 料 費	（　　　　　　　）	
加 　工 　費	（　　　　　　　）	（　　　　　　　）
当 月 製 造 費 用		
組 直 接 費		
直 接 材 料 費	（　　　　　　　）	
直 接 労 務 費	（　　　　　　　）	
直 接 経 費	（　　　　　　　）	
組間接費配賦額	（　　　　　　　）	（　　　　　　　）
合 　　　計		（　　　　　　　）
月 末 仕 掛 品		
直 接 材 料 費	（　　　　　　　）	
加 　工 　費	（　　　　　　　）	（　　　　　　　）
完 成 品 原 価		（　　　　　　　）
完 成 品 数 量		（　　　　　　　）個
単 位 原 価		（@　　　　　　）

S組原価計算表

摘　　要	金	額
月 初 仕 掛 品		
直 接 材 料 費	（　　　　　　　）	
加 　工 　費	（　　　　　　　）	（　　　　　　　）
当 月 製 造 費 用		
組 直 接 費		
直 接 材 料 費	（　　　　　　　）	
直 接 労 務 費	（　　　　　　　）	
直 接 経 費	（　　　　　　　）	
組間接費配賦額	（　　　　　　　）	（　　　　　　　）
合 　　　計		（　　　　　　　）
月 末 仕 掛 品		
直 接 材 料 費	（　　　　　　　）	
加 　工 　費	（　　　　　　　）	（　　　　　　　）
副 産 物 評 価 額		（　　　　　　　）
完 成 品 原 価		（　　　　　　　）
完 成 品 数 量		（　　　　　　　）個
単 位 原 価		（@　　　　　　）

会場コード	得　点

第210回簿記能力検定試験

1級　原価計算・工業簿記 **解答用紙**

受験番号	

点

制限時間
【1時間30分】

第1問採点

第1問（12点）

（ア）	（イ）	（ウ）
（エ）	（オ）	（カ）

第2問採点

第2問（24点）

	借　方　科　目	金　　額	貸　方　科　目	金　　額
1				
2				
3				
4				
5				
6				

第3問（20点）

連産品原価計算表

製品名	正常市価	等価係数	生産量	積数	あん分原価	単位原価
A製品	@¥	1	kg		¥	@¥
B製品	@¥		kg		¥	@¥
C製品	@¥		kg		¥	@¥
					¥	

B　製　品

借　　方	金　　額	貸　　方	金　　額
前 月 繰 越	891,450	（　　　　　）	（　　　　　）
（　　　　　）	（　　　　　）	次 月 繰 越	（　　　　　）
	（　　　　　）		（　　　　　）
前 月 繰 越	（　　　　　）		

第4問（44点）

材　　　　料

借方	金額	貸方	金額
前 月 繰 越	（　　　　　）	仕 掛 品	（　　　　　）
買 掛 金	（　　　　　）	製 造 間 接 費	（　　　　　）
		次 月 繰 越	（　　　　　）
	（　　　　　）		（　　　　　）

賃　金　給　料

借方	金額	貸方	金額
諸 　 口	（　　　　　）	前 月 繰 越	（　　　　　）
次 月 繰 越	（　　　　　）	仕 掛 品	（　　　　　）
		製 造 間 接 費	（　　　　　）
	（　　　　　）		（　　　　　）

製 造 間 接 費

材　　　料	（　　　　）	（　　　　　　　）	（　　　　　　）
賃 金 給 料	（　　　　）		
（　　　　）	（　　　　）		
電 　力 　料	（　　　　）		
租 税 公 課	（　　　　）		
保 　険 　料	（　　　　）		
製造間接費配賦差異	（　　　　）		
	（　　　　）		（　　　　　　）

仕 　掛 　品

前 月 繰 越	（　　　　）	製　　　品	（　　　　　　）
材　　　料	（　　　　）	次 月 繰 越	（　　　　　　）
賃 金 給 料	（　　　　）		
（　　　　）	（　　　　）		
製 造 間 接 費	（　　　　）		
	（　　　　）		（　　　　　　）

製 　　　品

前 月 繰 越	（　　　　　　）	売 上 原 価	（　　　　　　）
仕 　掛 　品	（　　　　　　）	次 月 繰 越	（　　　　　　）
	（　　　　　　）		（　　　　　　）

売 　　　上

（　　　　）	（　　　　　　）	（　　　　　　）	（　　　　　　）

月 次 製 造 原 価 報 告 書

㈱全経製作所　　　　　　　　○年5月1日〜5月31日　　　　　　　（単位：円）

Ⅰ　材　料　費		
1．月初材料棚卸高	（　　　　）	
2．当月材料仕入高	（　　　　）	
合　計	（　　　　）	
3．月末材料棚卸高	（　　　　）	
当月材料費		（　　　　）
Ⅱ　労　務　費		
1．直接工賃金	（　　　　）	
2．間接工賃金等	（　　　　）	
当月労務費		（　　　　）
Ⅲ　経　費		
1．外注加工賃	（　　　　）	
2．減価償却費	（　　　　）	
3．電力料	（　　　　）	
4．租税公課	（　　　　）	
5．保険料	（　　　　）	
当月経費		（　　　　）
製造間接費配賦差異		（　　　　）
当月製造費用		（　　　　）
月初仕掛品棚卸高		（　　　　）
合　計		（　　　　）
月末仕掛品棚卸高		（　　　　）
（　　　　　　）		（　　　　）

月 次 損 益 計 算 書

㈱全経製作所　　　　　　　　○年5月1日〜5月31日　　　　　　　（単位：円）

Ⅰ　売　上　高		（　　　　）
Ⅱ　売　上　原　価		
1．月初製品棚卸高	（　　　　）	
2．当月製品製造原価	（　　　　）	
合　計	（　　　　）	
3．月末製品棚卸高	（　　　　）	
差　引	（　　　　）	
4．原価差異	（　　　　）	（　　　　）
売　上　総　利　益		（　　　　）

※氏名は記入しないこと。

| 会場コード |
| 受験番号 |

第211回簿記能力検定試験

1級 原価計算・工業簿記 解答用紙

【禁無断転載】

| 得 点 |
| 点 |

制限時間
【1時間30分】

第1問採点

第1問 （12点）

ア	イ	ウ	エ	オ	カ

第2問採点

第2問 （24点）

	借 方 科 目	金 額	貸 方 科 目	金 額
1				
2				
3				
4				
5				
6				

第3問採点

第3問 （16点）

仕　掛　品

前　月　繰　越	（　　　　　）	製　　　品	（　　　　　）
材　　料	（　　　　　）	副　産　物	25,400
諸　　口	（　　　　　）	次　月　繰　越	（　　　　　）
	（　　　　　）		（　　　　　）
前　月　繰　越	（　　　　　）		

当月の製品1個当たりの原価	＠¥

第4問採点

第4問 （48点）

材　　料

前　月　繰　越	（　　　　　）	仕　掛　品	（　　　　　）
（　　　　　）	（　　　　　）	製　造　間　接　費	（　　　　　）
		製　造　間　接　費	（　　　　　）
		（　　　　　）	（　　　　　）
		次　月　繰　越	（　　　　　）
	（　　　　　）		（　　　　　）
前　月　繰　越	（　　　　　）		

賃　金　給　料

諸　　口	（　　　　　）	前　月　繰　越	（　　　　　）
次　月　繰　越	（　　　　　）	仕　掛　品	（　　　　　）
		製　造　間　接　費	（　　　　　）
		（　　　　　）	（　　　　　）
		製　造　間　接　費	（　　　　　）
	（　　　　　）		（　　　　　）
		前　月　繰　越	（　　　　　）

製 造 間 接 費

材　　　料	(　　　　　)	仕　掛　品	(　　　　　)
賃 金 給 料	(　　　　　)	(　　　　　)	(　　　　　)
材　　　料	(　　　　　)		
(　　　　　)	(　　　　　)		
賃 金 給 料	(　　　　　)		
諸　　　口	(　　　　　)		
	(　　　　　)		(　　　　　)

仕 掛 品

前 月 繰 越	(　　　　　)	仕　掛　品	(　　　　　)
材　　　料	(　　　　　)	(　　　　　)	(　　　　　)
賃 金 給 料	(　　　　　)	製　　　品	
製 造 間 接 費	(　　　　　)	次 月 繰 越	(　　　　　)
(　　　　　)	(　　　　　)		
	(　　　　　)		(　　　　　)
前 月 繰 越	(　　　　　)		

製 品

仕　掛　品	(　　　　　)	(　　　　　)	(　　　　　)
		次 月 繰 越	(　　　　　)
	(　　　　　)		(　　　　　)
前 月 繰 越	(　　　　　)		

売 上 原 価

製　　　品	(　　　　　)	(　　　　　)	(　　　　　)

売 上

月 次 損 益	(　　　　　)	売 掛 金	(　　　　　)

原　価　計　算　表

（単位：円）

摘要＼指図書＃	＃101	＃102	＃103	＃101-R1	合　計
月初仕掛品原価					
直接材料費					
直接労務費					
製造間接費					
小　計					
補　修　費					
合　計					
作業くず評価額					
差　引　計					
備　考	完　成	完　成	仕　掛　中	＃101へ賦課	

※氏名は記入しないこと。

会場コード
受験番号

第212回簿記能力検定試験

1級 原価計算・工業簿記 解答用紙

得 点
点

制限時間
【1時間30分】

第1問採点

第1問 （12点）

（ア）	（イ）	（ウ）
（エ）	（オ）	（カ）

第2問採点

第2問 （24点）

	借 方 科 目	金 額	貸 方 科 目	金 額
1				
2				
3				
4				
5				
6				

第3問 （20点）

月　次　損　益

売 上 原 価	（　　　　　）	売　　　　　上	（　　　　　）
販　売　費	（　　　　　）		
製 造 間 接 費	（　　　　　）		
販　売　費	（　　　　　）		
一 般 管 理 費	（　　　　　）		
年 次 損 益	（　　　　　）		
	（　　　　　）		（　　　　　）

第4問 （44点）

材　　　料

前 月 繰 越	（　　　　　）	（　　　　　）	（　　　　　）
買　掛　金	（　　　　　）	B 組 仕 掛 品	（　　　　　）
（　　　　　）	（　　　　　）	組 間 接 費	（　　　　　）
		次 月 繰 越	（　　　　　）
	（　　　　　）		（　　　　　）
前 月 繰 越	（　　　　　）		

賃　金　給　料

（　　　　　）	（　　　　　）	未 払 賃 金 給 料	（　　　　　）
預　り　金	（　　　　　）	A 組 仕 掛 品	（　　　　　）
未 払 賃 金 給 料	（　　　　　）	（　　　　　）	（　　　　　）
		組 間 接 費	（　　　　　）
	（　　　　　）		（　　　　　）

経　　　費

前 払 経 費	（　　　　　）	A 組 仕 掛 品	（　　　　　）
当 座 預 金	（　　　　　）	B 組 仕 掛 品	（　　　　　）
（　　　　　）	（　　　　　）	（　　　　　）	（　　　　　）
		前 払 経 費	（　　　　　）
	（　　　　　）		（　　　　　）

組　間　接　費

材　　　　料	（　　　　　）	A 組 仕 掛 品	（　　　　　）
賃 金 給 料	（　　　　　）	B 組 仕 掛 品	（　　　　　）
経　　　　費	（　　　　　）		
	（　　　　　）		（　　　　　）

A　組　仕　掛　品

前 月 繰 越	（　　　　　）	A 組 製 品	（　　　　　）
材　　　　料	（　　　　　）	（　　　　　）	（　　　　　）
賃 金 給 料	（　　　　　）	次 月 繰 越	（　　　　　）
経　　　　費	（　　　　　）		
組 間 接 費	（　　　　　）		
	（　　　　　）		（　　　　　）
前 月 繰 越	（　　　　　）		

A　組　製　品

前 月 繰 越	（　　　　　）	売 上 原 価	（　　　　　）
（　　　　　）	（　　　　　）	次 月 繰 越	（　　　　　）
	（　　　　　）		（　　　　　）
前 月 繰 越	（　　　　　）		

B　組　仕　掛　品

前 月 繰 越	（　　　　　）	（　　　　　）	（　　　　　）
材　　　　料	（　　　　　）	次 月 繰 越	（　　　　　）
賃 金 給 料	（　　　　　）		
経　　　　費	（　　　　　）		
組 間 接 費	（　　　　　）		
	（　　　　　）		（　　　　　）
前 月 繰 越	（　　　　　）		

B　組　製　品

前 月 繰 越	（　　　　　）	売 上 原 価	（　　　　　）
B 組 仕 掛 品	（　　　　　）	次 月 繰 越	（　　　　　）
	（　　　　　）		（　　　　　）
前 月 繰 越	（　　　　　）		

A組原価計算表

摘　　　要	金	額
月 初 仕 掛 品		
直 接 材 料 費	(　　　　　　　)	
加 　工 　費	(　　　　　　　)	(　　　　　　　　　)
当 月 製 造 費 用		
組 直 接 費		
直 接 材 料 費	(　　　　　　　)	
直 接 労 務 費	(　　　　　　　)	
直 接 経 費	(　　　　　　　)	
組間接費配賦額	(　　　　　　　)	(　　　　　　　　　)
合 　　　計		(　　　　　　　　　)
月 末 仕 掛 品		
直 接 材 料 費	(　　　　　　　)	
加 　工 　費	(　　　　　　　)	(　　　　　　　　　)
副 産 物 評 価 額		(　　　　　　　　　)
完 成 品 原 価		(　　　　　　　　　)
完 成 品 数 量		(　　　　　　個)
単 位 原 価		(@￥　　　　　　)

B組原価計算表

摘　　　要	金	額
月 初 仕 掛 品		
直 接 材 料 費	(　　　　　　　)	
加 　工 　費	(　　　　　　　)	(　　　　　　　　　)
当 月 製 造 費 用		
組 直 接 費		
直 接 材 料 費	(　　　　　　　)	
直 接 労 務 費	(　　　　　　　)	
直 接 経 費	(　　　　　　　)	
組間接費配賦額	(　　　　　　　)	(　　　　　　　　　)
合 　　　計		(　　　　　　　　　)
月 末 仕 掛 品		
直 接 材 料 費	(　　　　　　　)	
加 　工 　費	(　　　　　　　)	(　　　　　　　　　)
完 成 品 原 価		(　　　　　　　　　)
完 成 品 数 量		(　　　　　　個)
単 位 原 価		(@￥　　　　　　)

※氏名は記入しないこと。

| 会場コード |
| 受験番号 |

【禁無断転載】

第213回簿記能力検定試験

1級 原価計算・工業簿記 解答用紙

| 得 点 |
| 点 |

制限時間
【1時間30分】

第1問採点

第1問（12点）

（ア）	（イ）	（ウ）
（エ）	（オ）	（カ）

第2問採点

第2問（24点）

	借 方 科 目	金 額	貸 方 科 目	金 額
1				
2				
3				
4				
5				
6				

1級 原価計算・工業簿記 解答用紙

第3問採点

第3問（16点）

連産品原価計算表

製品名	正常市価	等価係数	生産量	積数	あん分原価	単位原価
X製品	@¥	1	kg		¥	@¥
Y製品	@¥		kg		¥	@¥
Z製品	@¥		kg		¥	@¥
					¥	

X　製　品

借　　方	金　　額	貸　　方	金　　額
前 月 繰 越	128,000	（　　　　　）	（　　　　　）
（　　　　　）	（　　　　　）	次 月 繰 越	（　　　　　）
	（　　　　　）		（　　　　　）
前 月 繰 越	（　　　　　）		

第4問採点

第4問（48点）

第 1 工 程 仕 掛 品

前 月 繰 越	（　　　　　）	（　　　　　）	（　　　　　）
材　　　　料	（　　　　　）	半　製　品	（　　　　　）
（　　　　　）	（　　　　　）	次 月 繰 越	（　　　　　）
経　　　　費	（　　　　　）		
	（　　　　　）		（　　　　　）
前 月 繰 越	（　　　　　）		

第 2 工 程 仕 掛 品

前 月 繰 越	（　　　　　）	製　　　　品	（　　　　　）
賃　　　　金	（　　　　　）	（　　　　　）	（　　　　　）
（　　　　　）	（　　　　　）	次 月 繰 越	（　　　　　）
第1工程仕掛品	（　　　　　）		
	（　　　　　）		（　　　　　）
前 月 繰 越	（　　　　　）		

製　　　　　品

前 月 繰 越	(　　　　　　)	(　　　　　　)	(　　　　　　)
(　　　　　　)	(　　　　　　)	次 月 繰 越	(　　　　　　)
	(　　　　　　)		(　　　　　　)
前 月 繰 越	(　　　　　　)		

半　　製　　品

前 月 繰 越	(　　　　　　)	(　　　　　　)	(　　　　　　)
(　　　　　　)	(　　　　　　)	次 月 繰 越	(　　　　　　)
	(　　　　　　)		(　　　　　　)
前 月 繰 越	(　　　　　　)		

副　　産　　物

前 月 繰 越	(　　　　　　)	副産物売上原価	(　　　　　　)
第2工程仕掛品	(　　　　　　)	次 月 繰 越	(　　　　　　)
	(　　　　　　)		(　　　　　　)
前 月 繰 越	(　　　　　　)		

売　上　原　価

製　　　　品	(　　　　　　)	(　　　　　　)	(　　　　　　)

半 製 品 売 上 原 価

(　　　　　)	(　　　　　　)	月 次 損 益	(　　　　　)

副 産 物 売 上 原 価

副　産　物	(　　　　　)	(　　　　　)	(　　　　　)

工程別原価計算表

摘　　要	第 1 工 程	第 2 工 程	合　　計
当月製造費用			
直 接 材 料 費	(　　　　　　　)	(　　　　　　　)	(　　　　　　　)
加 　 工 　 費	(　　　　　　　)	(　　　　　　　)	(　　　　　　　)
前 工 程 費	(　　　　　　　)	(　　　　　　　)	(　　　　　　　)
計	(　　　　　　　)	(　　　　　　　)	(　　　　　　　)
月初仕掛品原価			
直 接 材 料 費	(　　　　　　　)	(　　　　　　　)	(　　　　　　　)
加 　 工 　 費	(　　　　　　　)	(　　　　　　　)	(　　　　　　　)
前 工 程 費	(　　　　　　　)	(　　　　　　　)	(　　　　　　　)
計	(　　　　　　　)	(　　　　　　　)	(　　　　　　　)
月末仕掛品原価			
直 接 材 料 費	(　　　　　　　)	(　　　　　　　)	(　　　　　　　)
加 　 工 　 費	(　　　　　　　)	(　　　　　　　)	(　　　　　　　)
前 工 程 費	(　　　　　　　)	(　　　　　　　)	(　　　　　　　)
副 産 物 評 価 額	(　　　　　　　)	(　　　　　　　)	(　　　　　　　)
工程完成品原価	(　　　　　　　)	(　　　　　　　)	(　　　　　　　)
工程完成品数量	(　　　　　)個	(　　　　　)個	－
工程完成品単価	(@　　　　　　)	(@　　　　　　)	－
次 工 程 振 替 額	(　　　　　　　)	－	－